エモーション・
フォーカスト・
セラピー入門

Emotion-Focused Therapy
by Leslie S. Greenberg

レスリー・S・グリーンバーグ=著
岩壁 茂+伊藤正哉+細越寛樹=監訳
関屋裕希+藤里紘子+村井亮介+山口慶子=訳

金剛出版

エモーション・フォーカスト・セラピー入門

EMOTION-FOCUSED THERAPY
by Leslie S. Greenberg

Emotion-Focused Therapy (Theories of Psychotherapy Series)
by
Leslie S. Greenberg, PhD

Copyright © 2011 by the American Psychological Association (APA)
Japanese translation rights arranged with APA through The English Agency (Japan) Ltd.

監訳者まえがき
岩壁 茂

　本書は、アメリカ心理学会（American Psychological Association：APA）から 2010 年に刊行された *Emotion-Focused Therapy* の全訳である。原書は、本文が 143 ページでかなり小ぶりな一冊である。実は本書は、「心理療法理論シリーズ」の一冊として刊行され、"Psychotherapy over time"（継続面接シリーズ）という APA のデモンストレーション DVD とセットとなっており、6 回続きの面接で実演されるアプローチの理論を簡潔にわかりやすく説明することを目的としている。その意味において、もっとも手軽で読みやすいエモーション・フォーカスト・セラピー（EFT）の入門書といえる。実際のところ、EFT の理論の一部にはかなり難解な弁証法的構築主義というメタ心理学（第 3 章）があり、入門書として最適な本書でも、はじめから最後まですらすら読めるというわけにはいかない。そこで、このまえがきでは原著者レスリー・グリーンバーグ先生を紹介したあと、EFT に関して、そして第 3 章において論じられる弁証法的構築主義の感情機能に関して少し説明を加えたい。

　グリーンバーグ先生は、30 年以上にわたり、カナダ・トロントに位置するヨーク大学の教授を務めた。10 の編著書と 200 以上にのぼる学術論文を発表しており、EFT だけでなく、感情と心理療法全般に関する第一人者といって良いだろう。APA のデモンストレーション DVD シリーズでもっとも数が多いのもグリーンバーグ先生である。グリーンバーグ先生が実践する EFT をこれらのビデオを観たことをきっかけとして、感情の重要性、そして EFT の魅力とその可能性に惹かれた臨床家もとても多いはずであ

る。

　2011年にAPAから発売された現代版「グロリアと3人のセラピスト」である *Three Approaches to Psychotherapy with a Male Client*（『男性クライエントに対する3つの心理療法アプローチ』）と *Three Approaches to Psychotherapy with a Female Client*（『女性クライエントに対する3つの心理療法アプローチ』）では、ナンシー・マックウィリアムズ（精神力動療法）、ジュディス・ベック（認知行動療法）と並び、ヒューマニスティック・アプローチを代表して実演を見せている。北米および英語圏の国において、EFTはヒューマニスティック・アプローチを代表するほどの認知を得ており、グリーンバーグ先生は、現代の心理療法を代表するひとりといって良いだろう。

　グリーンバーグ先生は、数年前には、研究や臨床活動、そしてEFT訓練の拠点となるエモーション・フォーカスト・セラピー・クリニックを大学内に開設し、世界各国から研究者や大学院生が集まっている。2012年に同大学教授を退官した後、EFTの開発と発展の功績をたたえ、名誉教授号が授与されただけでなく、研究教授という役職を定めてそれまで通りに研究活動が続けられるような異例の措置がとられた。これは、現在もEFTが発展しつつあり、その中心人物としてグリーンバーグ先生が必要とされていることを示しているだろう。

　グリーンバーグ先生は、心理療法における2つのパラダイムシフトを起こした。1つは変容プロセスの研究法において課題分析という手法を発展させたことである。1970年代の心理療法の実証研究は、プロセス－アウトカム研究（process-outcome research）と呼ばれ、面接の事象（たとえば、セラピストの共感やクライエントの洞察など）と心理療法の効果のあいだの相関関係を調べる研究が中心であった。グリーンバーグ先生は、面接のプロセスのなかでも重要な出来事に焦点を当て、継起をモデル化する課題分析を開発して心理療法研究を大きく変えた（Greenberg, 1991 ; Greenberg & Pinsof, 1986 ; Rice & Greenberg, 1984）。この課題分析の考え方は、EFTの治療課題と密接にかかわっている。もう1つは、心理療法における感情の統合理論であり、EFTの開発である（Greenberg & Paivio, 1997 ; Greenberg,

2002)。精神力動療法アプローチ、ヒューマニスティック・アプローチ、認知行動アプローチで大きく異なる感情に関する見方を包括するような統合理論を立て、実証的に感情に焦点を当てた効果的な面接プロセスの特徴を明らかにした。EFT はその効果だけでなく、そのプロセスまでも課題分析を使った研究を通して実証的な裏付けを得ている。

実は、EFT は、個人療法としてだけでなく、カップルセラピーとしてより大きな発展をみせ、北アメリカでは、カップルセラピーにおいて EFT がもっとも広く使われるアプローチのひとつとなっている（Greenberg & Goldman, 2008 ; Johnson, 2002）。ブリティッシュ・コロンビア大学での教え子でもあり、EFT カップルセラピーを広めることに成功したスー・ジョンソン（Sue Johnson）が、カップルセラピーの資格制度やスーパービジョン制度を作り、EFT の制度面を整えていったことがその広がりの一因だろう。個人療法としての EFT にはこのような訓練・資格制度がないため、組織的発展は現在のところみられないが、グリーンバーグ先生やグリーンバーグ先生に訓練を受けた臨床家によるワークショップは広く行われており、今後同様の発展もみられるかもしれない。

本書はわかりやすい入門書でありながら、いくつか難解な章もある。特に第 3 章を読み進めるのになかなか時間がかかるのではないかと思う。この章を飛ばして第 4 章を読んで、EFT の介入と変容プロセスの実際について下地を作ったあとに、第 3 章のより抽象的な理論に戻って読むことでも問題はない。第 3 章は難解でありながら、EFT の基盤となるメタ心理学とも言うべき内容が論じられており、なぜ EFT においてこのようなやり方で感情を扱うことが科学的に支持されるのかということが整理できる。

EFT は、近年発展した認知科学および情動神経科学の知見を通して、ヒューマニスティック・アプローチの自己実現そして自己概念という考え方を見直し、それらの裏付けを与え、修正も加えている。その中心にあるのは弁証法的構築主義というメタ心理学的立場であり、感情や自己、生物学的要因や社会文化的要因の相互作用から個人の心理プロセスがどのように起こり、意味のある全体へと統合されるのかということを説明する。構

築主義（constructivism）は、1990年代に注目が集まった新たな心理学的パラダイムである（Greenberg & Pascual-Leone, 1995 ; Mahoney, 1991 ; Neimeyer & Mahoney, 1995）。人間と環境を刺激と反応のシステムととらえる行動主義心理学の人間観、人間を外的現実への適応を目指す情報処理システムとしてとらえる認知心理学の人間像を超えて、構築主義では、人間が自分自身の主観的現実を主体的に作り出し、その世界に意味を与える存在としてとらえる。構築主義の考え方は、特に認知療法において発展して、アーロン・ベックやアルバート・エリスらの論理主義的認知療法とは区別される（Mahoney, 2003）。論理主義的認知療法とは、人の論理性を強調し、客観的な方法で世界をとらえること、つまり認知のゆがみを修正することを強調する。他方、構築主義的認知療法では、個人の主観的な見方をゆがみとしてとらえそれを修正するのではなく、その個人独特のとらえ方をより正確に反映した意味を創り出すことが重視される。そして、クライエントが自身の世界を創っているという主体性と選択の体験を高めることが治療目標のひとつとなる。構築主義的認知療法の考え方は、個人の主観的な体験を強調するヒューマニスティック・アプローチの考え方に近く、感情と認知を意味の創造というプロセスによってつなぎ、しかもそれに対する認知科学からの研究知見を基礎として与えているともいえるだろう。この構築主義の考え方は、認知行動療法だけでなく、精神分析や家族療法でも取り入れられてきた。

　グリーンバーグ先生が発展させた弁証法的構築主義は、個人がどのようにして感情体験から自己を作っているのか、また一方で生理学的基礎をもち、もう一方で社会・文化的な意味づけがされている感情が、どのように心理的健康や心理的問題に結びついているのかということを「弁証法」によって説明する。ここで「弁証法」という場合、2つ以上の要素が相互作用の状態としてもたらされ、最終的にはより高次の要素へと統合されることを指しており、EFTでは、このような「弁証法的作用」がいくつかの異なる心理プロセスを描写するために使われている。

　まず1つは、人のなかではつねに複数のスキーマが活性化されうる状態

にあり、それらが対峙され、それらの違いや類似性がさまざまなやり方で比較され、統合され、全体的な心理プロセスを作っているという点である。たとえば、自分を批判し、自己嫌悪を感じているとき、批判する自己と批判される自己のあいだには自己分離の葛藤が起こっている。EFT では、二つの椅子の対話を使ってこれらの2つの自己のあいだに対話が作り出され、それぞれの自己の根底に流れる感情が気づかれるとき、2つの自己のあいだの統合が可能となる。このように自己の統合、スキーマの統合という場合に、弁証法的作用が重要となる。

次に、人の心理的プロセスには、暗黙裏に起こりつつある体験と、言葉を通して理解され、気づきに達している明示的なプロセスがあり、それらがつねに相互作用の状態にあるという考えである。この暗示的なプロセスは感情とかかわり（最近では右脳主体の心理プロセスといわれている）、明示的なプロセスは認知とかかわる（左脳主体のプロセス）。また、弁証法的作用は個人の主観的世界と外側にある客観的世界のあいだにも起こる。外界の情報を取り入れ、つねにそれと内的・主観的世界との整合性を図ろうとする人間の心理的プロセスも、この弁証法という概念でとらえられている。

最後に、生物学と社会文化的要因の相互作用の弁証法も重要である。感情は、明確な遺伝的要因に規定され、怒りや恐怖などの生得的な基本感情が喚起する生理的プロセスは同じであるが、その表出、体験、意味づけのプロセスは、文化的な要因によって影響される。そしてその文化的な要因により、生理的プロセスを抑えたり、調整することを学ぶという点で、「弁証法的」なプロセスがある。このように、さまざまな水準で起こる相互作用、そしてその統合プロセスが心理的機能の中心にあるというのが、「弁証法的構築主義」である。

EFT では、弁証法的作用が単にメタ心理学にとどまるのではなく、その具体的なプロセスが課題分析を用いて実証的に明らかにされてきたことも注目に値する。たとえば、二つの椅子の対話における自己分離の弁証法のプロセスでは、対立する二つの自己（たとえば、自分を卑下して攻撃する

批判的な自己と、その批判を受けて身動きができなくなり自己嫌悪や恥を覚える自己、「こうしたい」と感じる自己（欲求）と「こうすべき」と感じる自己（責任感）などの対立）が以下のような変容プロセスを示す。まず、批判する自己がもう一方の自己に向かって批判や不満を言葉にして表しはじめると、批判された「だめな自分」に「無力感」や「恥」といった感情が引き起こされる。このような自己分離が効果的に解決されるときには、まず、分離が強調されて、対立が広げられる。批判はどんどん激しさを増していき、具体的な過去の「失敗体験」を持ち出し、もう一方の自己を責め続け、もう一方の自己の無力感や恥は強くなっていく。このような対立は、批判が根底にある「価値観」の表明に至り、もう一方では、自己の基本的な要求（守られたい、理解されたい、成功したい）の表出がみられると最大に達する。次に、その基本的な要求に批判的な自己が耳を貸すとき、この優勢な強い批判が和らぎはじめ、対立していた自己のあいだに歩み寄りが起こりはじめる。批判的な自己が「価値観」の背後にある思いを語りはじめると、価値観の多くは養育者から内在化したものであり、その根底には子どもに対する愛情や思いやりがあるということが体験される。それらへ到達すると、批判された自己は力づけられ、もともとあった無力感や恥といった感情が中和されていく。最終的には、分離状態にあった自己が統合され、自己の一貫性が作り出される。このような弁証法的な変容プロセスが明確にしかも系統的に描き出されているところが、実証的な研究をもとに発展したEFTの特徴のひとつである。

　弁証法的構築主義は、人間の心理的機能は単一レベルで起こるのでも、1つのプロセスがすべての他の現象を支配するのでもなく、つねに相互作用の状態にあり、複数のレベルで起こっていると考える。そして、それを統合し、その意味を引きだそうとすることが人間の本質であるという基本的な人間観がある。この考え方は、EFTに関する誤解を正してくれる。EFTは「感情」という名前がついているが、ただ「感情」を「表出」「体験」すれば良いというものではない。感情を体験し、それに言葉を与えて認知と統合することが必要である。そして、その感情体験をより広く自分

と社会と結びつけて振り返ることにより、自己の語りを創出するという作業もEFTの一部である。感情は適応的な意味のシステムであり、それを理解し、他者との関係を作り、修復し、さまざまな行動へと役立てることが、EFTの目的である。EFTでは、近年、感情体験をどのように自己の語り（narrative）へと取り込むのかという研究が進んでいる（Angus & Greenberg, 2011）。EFTは、ただ単に感情を体験することを目指すのではなく、その感情体験がどのように自己を作り出し、そして自己感によって感情体験が作り出されるのかという循環的なプロセスを重視している。感情は人間機能の中心にあるが、認知、行動、語りも重要な一部である。

　グリーンバーグ先生の著作は、日本では、『感情に働きかける面接技法──心理療法の統合的アプローチ』（誠信書房［2006年］）が刊行されている。また、2回の実演DVDがともに日本心理療法研究所より発売されている。1つは、「アメリカ心理学会心理療法ビデオシリーズ」（心理療法システムズ＝編）の第9巻「過程指向体験療法」であり、約40分にわたる面接の実演と面接における介入に関する5分ほどのインタビューが収められている。もう1つは、「うつに対するEFT──エモーション・フォーカスト・セラピー（EFT）の理論と実際」であり、同一のクライエントとの2回の面接と面接を振り返り解説するインタビューの計150分が収められている。また筆者は、EFTを中心とした心理療法理論と実践を紹介した「感情と体験の心理療法」という連載を『臨床心理学』（金剛出版）に第9巻第2号（2009年）より第11巻第1号（2011年）まで12回にわたり発表させていただいたので、関心がある方は是非こちらも参照していただきたい。

　グリーンバーグ先生の貢献や臨床家としての発展についてはマービン・ゴールドフリード編著による『変容する臨床家──現代アメリカを代表するセラピスト16人が語る心理療法統合へのアプローチ』(福村出版［近刊］)の第14章やCastonguay et al.（2010）の編著書 *Bringing Psychotherapy Research to Life : Understanding Change through the Work of Leading Clinical Researchers*（『心理療法研究の刷新──トップの臨床研究者の業績を通して変容を理解す

る』）に収められた Goldman et al.（2010）"Leslie S. Greenberg : Emotional change leads to positive outcome"（「感情的変容が良い成果につながる」）を参照してほしい。『変容する臨床家』では、グリーンバーグ先生が工学部から心理療法研究へと移ることを契機として、クライエント中心療法、ゲシュタルト療法、家族療法、認知科学、対象関係論、自己心理学などさまざまな心理療法を学び、EFT の開発に至る職業的、そして個人的体験が語られている。「感情的変容が良い結果につながる」からは、グリーンバーグ先生の研究者として発想の展開がわかる。

　グリーンバーグ先生は、2006 年に日本家族心理学会の研修のために来日され、2 日間のワークショップを行った。次に、2010 年に筆者が主催者の一人を務める「心理療法統合を考える会」の特別ワークショップを東京で 2 日間、そして仙台 DICT カウンセリングセンター主催のワークショップを 2 日間行った。対人的調和を重視し、感情抑制傾向が強い日本文化において EFT がどのような役割をもつことができるのか大変興味をもってくださった。グリーンバーグ先生は、EFT をパッケージ化してその通りに実践することが必要だとは考えてはいない。むしろ、さまざまなアプローチのなかで感情の治療原則を実現するやり方を発展させ、統合的に EFT の考え方や技法を使うことが心理療法全体の発展につながるという強い統合的な立場をとっている。本書が、多くの臨床家が感情の心理療法における役割を見直すためのきっかけとなることを願っている。

▼ 文献

Angus, L.E. & Greenberg, L.S.（2011）*Working with Narrative in Emotion-Focused Therapy : Changing Stories, Healing Lives.* Washington DC : American Psychological Association.
Goldman, R.N., Angus, L.E. & Safran, J.D.（2010）Leslie S. Greenberg : Emotional change leads to positive outcome. In : L.G. Canstonguay, J.C. Muran, L.E. Angus, J.A. Hayes, N. Ladany & T. Anderson（Eds.）*Bringing Psychotherapy Research to Life : Understanding Change through the Work of Leading Clinical Researchers.* Washington DC : American Psychological Association, pp.185-196.
Greenberg, L.S.（1991）Research on the process of change. Psychotherapy *Research* 1 ; 3-16.
Greenberg, L.S.（2000）My change process : From certainty through chaos to complexity. In : M.R. Goldfried（Ed.）*How Therapists Change : Personal and Professional Reflections.* Washington DC :

American Psychological Association, pp.247-270.
Greenberg, L.S.（2002）*Emotion-Focused Therapy : Coaching Clients to Work through Their Feelings*. Washington DC : American Psychological Association.
Greenberg, L.S. & Goldman, R.N.（2008）*Emotion-Focused Couples Therapy : The Dynamics of Emotion, Love and Power*. Washington DC : American Psychological Association.
Greenberg, L.S. & Paivio, S.C.（1997）*Working with Emotions in Psychotherapy*. New York : Guilford Press.
Greenberg, L.S. & Pascual-Leone, J.（1995）A dialectical constructivist approach to experiential change. In : R.A. Neimeyer & M.J. Mahoney（Eds.）*Constructivism in Psychotherapy*. Washington DC : American Psychological Association, pp.169-191.
Greenberg, L.S. & Pinsof, W.M.（Eds.）（1986）*The Psychotherapeutic Process : A Research Handbook*. New York : Guilford Press.
Greenberg, L.S., Rice, L.N. & Elliott, R.（1993）*Facilitating Emotional Change : The Moment-by-Moment Process*. New York : Guilford Press.（岩壁 茂＝訳（2006）感情に働きかける面接技法――心理療法の統合的アプローチ．誠信書房）
Johnson, S.M.（2002）*Emotionally Focused Couple Therapy with Trauma Survivors : Strengthening Attachment Bonds*. New York : Guilford Press.
Mahoney, M.J.（1991）*Human Change Processes*. New York : Basic Books.
Mahoney, M.J.（2003）*Cognitive and Constructive Psychotherapies : Theory, Research and Practice*. New York : Springer.（根建金男・菅村玄二・勝倉りえこ＝訳（2008）認知行動療法と構成主義心理療法――理論・研究そして実践．金剛出版）
Neimeyer, R. & Mahoney, M.（1995）*Constructivism in Psychotherapy*. Washington DC : American Psychological Association.
Rice, L.N. & Greenberg, L.（Eds.）（1984）*Patterns of Change : Intensive Analysis of Psychotherapy Process*. New York : Guilford Press.

監訳者まえがき（岩壁 茂）／003

1 はじめに ―――――― 017

中核概念／017
概念的枠組み／021
結論／025

2 歴史 ―――――― 027

パーソン・センタード・アプローチの理論／028
体験的フォーカシング／030
ゲシュタルト療法／035
実存療法／038
EFTの展開の軌跡――独自のアプローチとして／039
現在までの展開／043

3 理論 ―――――― 047

理論的発展の概要／047
人間の本質と動機についての観点／051
感情理論／053
自己機能の弁証法的構築主義モデル――生物学と文化の統合／062
機能不全の見解／072
結論／082

4 セラピーのプロセス ―――――― 085

関係原則と課題原則／086
観察スキル／088
介入スキル／090
ケースフォーミュレーション／111
事例の紹介――怒りによって絶望を打ち消す／113
EFTアプローチを用いるときに直面する障壁や問題／128
EFTにおける性差や文化差／128
さまざまな障害に対するEFT理論／129
結論／143

5 評価 ——————————————————— 145

エビデンスに基づく心理療法／145
感情的傷つき／147
カップルセラピー／148
変容プロセス／149
感情の変容プロセスに関する研究／156
特定の治療課題に関する研究／157
関係要因／163
結論／165

6 今後の発展 ——————————————— 167

今後の研究領域／167
訓練／170
予防アプローチ／171
統合／174
批判／175
結論／176

監訳者あとがき（伊藤正哉）／177
監訳者あとがき（細越寛樹）／183

用語集／185
推薦図書／189
参考文献／191
索引／202

著者略歴／208
監訳者略歴／208
訳者略歴／209

―凡例―

本文中の「▼1、▼2、▼3」は訳注番号を表わし、
訳注は章末に一括する。

# エモーション・フォーカスト・セラピー入門

EMOTION-FOCUSED THERAPY
by Leslie S. Greenberg

1 はじめに

> 感情なきところに知恵はない。真実を知ったとしても、
> それがもつ力を感じ取れなければ、自分のものとして身につくことはない。
> 脳による認知には、魂による体験が与えられなければならない。[1]
> ——アーノルド・ベネット

　エモーション・フォーカスト・セラピー（*Emotion-Focused Therapy : EFT*）は、心理療法における変容に対して感情が担う役割の理解に基づいたセラピーの実践、と定義される。EFT は、心理療法における体験と変容に対する感情の意義とその作用についての詳細かつ綿密な分析に基づいている。このような感情への焦点化によって、感情の気づき・受容・表出・活用・調整・変容を促進させる方略が導かれ、さらには、修正感情体験がもたらされる。EFT の目標は自己を強化し、感情を調整し、新しい意味を創り出すことにある。

✎ 中核概念

　EFT は、現代の感情理論と情動神経科学の視点から捉えなおした、新しいヒューマニスティックな体験的アプローチである。EFT は、ヒューマニスティック－現象学理論（Perls, Hefferline & Goodman, 1951 ; Rogers, 1957）、

感情・認知理論、情動神経科学、動的システム論、家族システム論に基づいている（Damasio, 1999；Frijida, 1986；J. Pascual-Leone, 1987, 1988；Thelen & Smith, 1994；Weakland & Watzlawick, 1979）。

　EFT は、心理療法においてクライエントが変容を遂げるさまざまな場面を分析するところから始まった（Rice & Greenberg, 1984）。現在では「感情変容が変容の持続に不可欠である」ことを提唱する、感情の機能と実践についての体系的な理論にまで進化している。伝統的な心理療法では意識上の理解や認知・行動の変容が過度に重視され、その過程における感情の中核的かつ根本的な役割が見過ごされてきた。EFT は、意味の創造や行動の変容が重要であることを否定しない。それ以上に感情体験の気づき・受容・理解、セラピー中の身体的な感情体験、そして心理療法において変容が促進される際の感情変容の重要性を強調する。

　EFT では、感情に適応的な機能がもともと備わっていると考える。感情が喚起されると、それまでクライエントが望まず、否認してきた体験が自己の一部として取り戻され、問題のある感情状態や相互作用が変容されると考えられる。感情は生得的で適応的なシステムであり、人の生存と繁栄を支えるものとして進化してきた。この考えは、幅広く実証的な支持を得ている。また、感情は最も根本的な要求（needs）とつながっている（Frijida, 1986）。感情は人の生存にとって重要な状況を即座に知らせ、要求が満たされているかどうかを評価することで、何が良くて何が悪いかという情報を与える。感情があるからこそ、そうした重要な状況において、私たちは自分の要求を満たすための行動を起こす準備ができる。EFT では、人間を本質的に感情的な存在として捉える。感情は、瞬間瞬間に基本的な処理様式を作動させる（Greenberg, 2002；LeDoux, 1996）。恐怖は、危険を探査する恐怖処理機制を起動させる。悲しみは喪失を、怒りは侵害が起こったことを知らせる。また、感情はコミュニケーションのための主要な手段であり、感情が表出されれば即座に自らの意図を発信し、他者に影響を与える。このように感情は、意味、コミュニケーション、行為を導くシステムであるため、私たちの存在の多くの側面を決定する。EFT は、「われ思う、故

にわれあり」ではなく、「われ感じる、故にわれあり」という考えに基づいている。人はまず感じ、次に考えるのであり、感じるがゆえに考えることも多い。そのため、感情的変容は認知・行動的変容を持続させる鍵と捉えられるだろう。

　EFTでは、クライエントが感情を見分け、体験し、受け入れ、探索し、理解し、変容させ、柔軟に扱うことができるよう援助する。その結果、自分自身や世界に関する重要な情報や意味について、感情が教えることに気づけるようになり、そうした情報によって生き生きと適応的に生きる術を身につけられるようになる。また、セラピーにおいてクライエントはそれまで恐れてきた感情に向き合い、それを処理し変容するよう促される。EFTの介入を導く前提のひとつは、「ありのままの自分を受け入れるときに、はじめて変容が可能になる」という考えである。EFTは、クライエントが感情に気づき、生産的に感情を活用することを援助するために考案されたアプローチである。

　EFTは、認知と行動を過度に重視する西洋的な心理療法の流れのなかから発展したものであり、それに対するひとつの答えでもある。一般的に、背景にある感情よりも、認知のほうが注目されやすい。それは、認知がより意識的に捉えやすいからである。また、自動的な感情反応よりも行動のほうが変容を試みやすい。それは、行動のほうがより随意的に統制しやすいからである。しかし、感情は認知と行動の両方に重要な影響を与える。EFTでは、適応感情と不適応感情の両方を体験することが治療的変容において鍵となる役割を果たすことを重視しており、介入の焦点を認知や行動から感情へと移行させるよう試みる。

　EFTの実践における核心は、概念知と体験知を区別することにある。人は、知的能力のものさしで測られる以上に賢い存在である。人間は、「体験する有機体」として捉えられる。この有機体において意識は、普段は意識されない諸機能のピラミッドの頂点に位置づけられている。セッション中に行なう気づきを高めるための実験は、まだ曖昧な状態の感情体験に注目して、それが鮮明になり、気づきへと象徴化されることを援助するため

に行なわれる。セラピーでは、感情は身体や内臓に起こる体験として表われる感情に注意を向け、それを受け入れ、そして、感情的変容を促進するために直接的に扱う。自己や他者とのあり方に関する語りのなかで感情を言葉で明確に表わすことにより、本人にとっての人生のストーリーが形成される（Angus & Greenberg, 2012）。

　どのようなときに適応感情を指針として活用すべきか。どのようなときにその力によって自分自身を変えるべきか。どのようなときに不適応感情を変える必要があるか。どのようなときに圧倒されるほどの強い感情を調整すべきか。こうした点をクライエントが理解できるように援助するのが介入の中心である。「感情から得た情報によって動かされるためには、そして感情を変容可能な状態にするためには、その感情を体験しなければならない」というのが EFT における重要な原則である。単に感情について話したり、感情が起こるきっかけを理解したり、信念を変えたりするだけでは、感情は変わらない。受け入れられ、体験され、別の感情と対比されて変容され、内省によって新しい語りの意味が創造されてはじめて、感情は変容する（Greenberg, 2002）。

　人間特有の問題の発端とその治療の中心に、感情変容がある。しかし、EFT の焦点は感情への取り組みに限られるわけではない。ほとんどの問題には、生物学、感情、認知、動機づけ、行動、身体、社会、文化が関与しており、これらの多くに注意が必要である。EFT では、動機づけ、認知、行動、対人関係に統合的な注意を向けるが、変容への主要な道筋として感情に焦点を当てる。EFT のセラピストは、対人関係や心理的要因に関する長年の複雑な背景を理解し、健全な思考・行動・対人関係をもてるように援助する。さらに、次のような重要な要素にも治療作業の焦点を当てる──①癒しを促進するための共感的な関係を提供する。②クライエントの感情体験やその由来、さまざまな感情の動的相互作用についてきめ細かく探索する。③感情を除去するためのカタルシスとして感情表出を繰り返すのではなく、感情を体験し、受け入れ、感情から情報が得られるように促す。④感情への接触を邪魔する中断プロセスに注目する。⑤古い感情を変

容させるために、新たな感情に接触する。⑥新たな語りを創り出すために、感情を象徴化し内省する。

　専門が個人療法、カップルセラピー、家族療法のいずれであっても、感情と感情システムの力動に関する理解はセラピーの成功に不可欠である。感情はすべてのクライエントの変わろうとする努力に関わるからである。そのため、本書で扱われる問題や方法は、どのセラピーにも適用することができ、かつ有効なものである。近年では、EFTを用いたカップルセラピーや個人療法のセラピストが増えている。また、精神力動的アプローチと認知的アプローチの双方で感情への取り組みが統合され、多くの統合的セラピストがEFTを自らのアプローチに取り入れるようになっている。

　感情に注目する方法はあらゆる治療アプローチに活用できる。ただし、EFTそのものは単純な処方箋のようなセラピーではない。むしろ、理論的にも実践的にも複雑なアプローチであり、共感と感情喚起の手法を習得するには長年の経験を要する。本書はこのアプローチの概観を伝える試みであり、その始まりの第一歩である。本書によって読者が刺激を受け、より多くを学ぶ気になってくれることを願っている。

◢ 概念的枠組み

　EFT（Elliott, Watson, Goldman & Greenberg, 2004 ; Greenberg, 2002 ; Greenberg & Johnson, 1988 ; Greenberg & Paivio, 1997 ; Greenberg, Rice & Elliott, 1993 ; Greenberg & Watson, 2006 ; Johnson, 2004）は、実証的に支持された統合的な体験アプローチである（Greenberg, Watson & Lietaer, 1998）。EFTは、パーソン・センタード・セラピー（Rogers, 1959）、ゲシュタルト療法（Perls, Hefferline & Goodman, 1951）、体験療法（Gendlin, 1996）、そして実存療法（Frankl, 1959 ; Yalom, 1980）の要素と、現代の感情、認知、愛着、対人関係、精神力動、ナラティブの理論とが統合された、弁証法的構築主義のメタ理論である。このアプローチは当初、**プロセス体験療法**（*process* *experiential psychotherapy*：Greenberg, Rice & Elliott, 1993）と名付けられた。それは、この療法が新しいヒューマニスティック・アプローチや体験的アプローチに由来し、その諸原則を体現したものであったためである。時が経ち、人間機能とセラピーにおける感情の中心的役割が理解されるにつれて、プロセス体験療法という名称は EFT に変わっていった。感情焦点化療法（emotionally focused therapy）[2]という用語は当初、EFT によるカップルセラピーのアプローチを言い表わすものとして用いられた。このアプローチでは、根底にある傷つきやすさ・弱さの感情表出がカップルの相互作用を変容させ、感情的絆を再構築するとされている（Greenberg & Johnson, 1988）。エモーション・フォーカスト・セラピーという名称は、このアプローチによる個人療法とカップルセラピーの双方を含めた総称として用いられるようになっている。筆者は、感情を主な介入の焦点とするすべての心理治療を指す統合的な用語として、この EFT を用いるよう提案している（Greenberg, 2002）。

「有機体には生まれつき維持・成長・習熟へと向かう傾向がある」というのが EFT の基本原則である。成長傾向は、適応的な感情システムのなかに組み込まれているとされる（Greenberg, Rice & Elliott, 1993 ; Perls, Hefferline & Goodman, 1951 ; Rogers, 1959）。そして感情は人生の最も重要な側面を司っている。感情は、個人の最も深い悩みや最も重要な人間関係にまつわる出来事を知らせる信号である。感情は人を動かし、他者とつながり、元気づけ、愛し、関心を抱かせる。しかし、時に、自分自身でも理解できない行動や、後悔をもたらす行動へと人を駆り立てる。また、感情は曖昧ではっきりしないこともあり、言葉を通して象徴化し、他者に向けて表わされ、明らかにされなければ、意味をもたないこともある。同時に、感情は本来の自己に近づくための指針にもなる。クライエントは自らの感情に一番近い存在であり、自ら意味を構築する主体である。そのため、クライエントは自らの体験の専門家として捉えられる。

感情は行動を動機づけるうえで必要不可欠である。一般的に人は、理性や論理に導かれる行動よりも、そうしたいと感じる行動を取るものである。

行動変容が達成されるためには、行動を動機づける感情変容が達成される必要がある。また感情は思考にも影響を与える。人は怒りを感じたときには怒りの思考を抱き、悲しいときには悲しい記憶を思い出す。思考を変える援助をするために、セラピストは感情を変える援助をしなければならない。たとえば、自分は無価値ではなく、価値があると再評価して認知的変容が起こる場合であっても、それは根拠や論理に基づく単なる認知の変容だけではなく、深く感情に根づいた態度の変容である。自分には価値があると捉えるためには、自己に対する根本的な感情的志向性の変容と、感情の基本的な処理モードの変容が必要である（Whelton & Greenberg, 2005）。そのため、自己・世界・他者に対する見方の変容は、根本的には感情の変容に依拠している。感情は自己や他者に対する見方を決定するだけでなく、人間同士の相互作用にも強く影響する。感情表現は相互作用を決定し、変容させる。たとえば、怒りが表わされれば、関係上の距離が生み出される。一方で、個人の弱さや脆さを示す感情が表わされれば、双方の攻撃が和らぐ。このように、表わされる感情を変えることで、対人関係の葛藤を解決することができる（Greenberg & Johnson, 1988）。

　そのため、セラピーの場において、セラピストは瞬時に起こる体験プロセスに注意を向けるようクライエントに促す。クライエントがフェルトセンス[3]や感情に継続して注意を向けることにより、より適応的な機能の発達が促進される。しかし、感情の作業には逆説がある。それは、変容のためには、変えようと努力するよりも、まずは感情を受け入れる必要があるということである。感情的な痛みを十分に感じ取って耳を傾けるためには、まず感情的な痛みが許され、受け入れられなければならない。そうしてはじめて変容が可能となる。このアプローチの中心には「我-汝の治療関係」があり、これは、現前、共感、受容、自己一致の原則に基づいている（Buber, 1958 ; Geller & Greenberg, in press ; Greenberg & Watson, 2006 ; Rogers, 1959）。この種の関係性は、十分な受容的関係をもたらし、適応的な要求に焦点を当てることを促進する。さらにこの関係性は、最適な複雑性と適応的な柔軟性へと向かうクライエントの成長を肯定する。

生物学的な基盤をもつ感情は、人を適応的な行動へと導く。人はつねに自らの感情の意味を理解するプロセスのなかに生きている。クライエントはセラピーのなかで、内的体験と身体的に感じられたレファレントを見つけて象徴化するよう一貫して求められる。これは、語りの変容を促進する新しい意味を創造するためである。セラピーでは、内的体験と感情への接触や気づきを高めることによって、意識上の選択と理にかなった行動が促進される。クライエントが「私は悲しい」や「家族のなかでは、どうでもいい、余計な存在だと感じています」などと言葉で自らの体験を象徴化するとき、クライエントは人生の指針となる意味を創造していることになる。

　心理的健康は、状況に対して創造的に適応できること、そして新しい反応・体験・語りを生み出せることとして捉えられる。治療の目標は、不適応感情による反応を変容することと、**成長の過程**（*process of becoming*）を導く適応感情による反応に接触することにある。さまざまな感情機制を通して機能不全が起こる。これには、感情的気づきの欠如、回避、感情体験の否認、学習された不適応感情スキーマ記憶、過度に硬直して機能不全に陥っていた語りの創造（意味の創造）、感情的負荷のある複数の自己の間に起こる葛藤、自己と他者の間における未解決の感情などがある（Greenberg & Watson, 2006）。

　EFTは、クライエントが感情リテラシー（感情を正確に読み取り理解する能力）と感情知能を育むための援助を目的としている（Greenberg, 2002）。感情コンピテンス（感情とうまくつきあう力）には、①感情体験への接触、②不適応感情を調整し変容する能力、③肯定的なアイデンティティの語りを発展させること、という3点が含まれる。つまり、感情コンピテンスは、生活上の問題に対処する能力を高めることと、個人内および対人関係での調和を促進することと考えられる。

結論

　EFTにおける基本的な考えは、「感情は基本的に適応的であるが、さまざまな理由から問題へと転じる」という点にある。その理由として、過去のトラウマ、スキルの欠如（たとえば、感情を意識的に象徴化する方法を一度も学ばなかった、感情は無視して否認すべきだと教えられた）、感情回避（自分や他者に与える影響を恐れるため）がある。このような感情回避によって人間としての知性が奪い取られる。なぜなら、感情は特定の状況において何が重要なのかを教えるものであり、自分が必要として望むものを得るための行動へと人を導くからである。怒りや悲しみを感じていると自覚したときに、自らの要求が満たされていないことがわかり、それに気づけるようにもなる。そのため、何を感じているのかに気づくことは、問題の本質を見極める第一歩となる。そのうえでこそ、特定の状況において何が最も適切な行動であるのかが理解できるようになる。時間の経過とともに、感情に気づき、感情を再び自分のものとして認め、調整し、必要なときには活用し、変容させることによって、習熟した感覚が得られ、より効果的に機能するようになる。「感情変容のためには感情を感じる必要がある」というのがEFTの重要な原則である。

　EFTでは、感情を同定し、体験し、受け入れ、調整し、探索し、その語りを理解し、変容させ、活用し、柔軟に管理できるようクライエントを援助する。その結果、クライエントはそれまで回避していた感情に耐えられるようになり、感情のもつ中核的要求・目標・関心という重要な情報にうまくアクセスできるようになる。また、感情に気づくことによって感情のもつ行動傾向にアクセスできるようになり、これが自分の目標へと前進するための支えとなる。EFTでは、人がより活発に適応的に生きるために、感情がもつ情報と行動傾向をうまく活用できるように援助する。

　このアプローチに対する評価や認知度は高まりつつある。エビデンスに基づくアプローチであるため、大学院やインターンシップの臨床訓練プロ

グラムでも教えられている。近年の認知行動アプローチも感情に注目しており、EFT の多くの側面を急速に取り入れつつある。精神力動療法はつねに感情を理論化してきたのに対し、システム論はこれまでそうではなかった。しかし今ではどちらも、面接中の感情体験や対人関係における感情体験に注意を向けるようになってきている。

▼訳注

1── アーノルド・ベネット（1867〜1931）。イギリスの小説家。代表作に『アーノルド・ベネットと五つの町』『二人の女の物語』。
2── 当初は emotionally focused therapy という文法的により正しい名称が付けられたが、後に emotion-focused therapy という口語調の名称に変わった。
3── フォーカシングの用語であり、何らかの意味を含んだ身体的感じ、言葉になっていない意味の感覚を表わしている。

2 歴史

　現代の認知科学と感情理論に基づき、パーソン・センタード・アプローチ、ゲシュタルト療法、体験療法、実存療法を発展させたのがエモーション・フォーカスト・セラピー（Emotion-Focused Therapy : EFT）の理論である。ヒューマニスティック・アプローチや体験的アプローチは、心理療法における**第三勢力**となり、行動主義や精神分析に代わるものとして1960年代から1970年代の北アメリカを席巻した。行動主義や精神分析は暗に決定論的な立場であったのに対し、ヒューマニスティック・アプローチは人間の本質に対して肯定的な立場を取った。ヒューマニスティック・アプローチの臨床家は、内的資源、気づく力、選択する力がすべての人間にあると主張した。また、主観的体験は行動に影響を及ぼし、人は潜在的に主体性と創造性をもつと考えられた。

　EFTは、第三勢力にその起源をもちながら、感情理論と認知科学の新しい知見や、心理療法の変容プロセスに関する研究を取り入れ（Greenberg, 1986）、その起源を超えて発展し、感情に焦点を当てたプロセス指向の心理療法を提示した。EFTは、軽度の対人関係の問題を抱える個人の研究から始まり、現在までにその適用範囲を広げている。たとえば、うつ病、トラウマ、カップルの問題、近年では摂食障害、境界性パーソナリティ障害、不安障害といったさまざまな集団や診断群に対する効果が示されている（Dolhanty & Greenberg, 2008 ; Greenberg & Watson, 2006 ; Warwar, Links, Greenberg & Bergmans, 2008）。本章ではEFTの概説として、まず起源となった諸理論についてまとめ、次にEFTを独自の心理療法へと発展させた諸

概念について説明する。

パーソン・センタード・アプローチの理論

EFTの起源はパーソン・センタード・アプローチ（Rogers, 1959）にまで遡る。このアプローチでは、**自己概念と体験の不一致が機能不全の原因**と考えられている。人は、自己概念（私は強い）と体験（自分を弱々しく感じる）の不一致に気づきはじめると、その反応として不安を感じる。Rogersによると、実存という**根源的事実（basic datum）は有機体の体験（organismic experience）**によって支えられている。ここでいう体験には、人間という有機体のなかで起こるすべてが含まれ、有機体はそれらに対する気づきを得ることが可能であると考えられた。Rogersは、動機づけに関して、個人に潜在する能力を**実現すること**が、すべての人間の行動を決定する主要な動因と考えた。実現傾向に導かれているとき、人間は信頼する価値があり、頼りになり、建設的な存在になるとRogersは信じた。EFTの理論も、Rogersと同じように成長や発達傾向に注目する。ただし、EFTでは、人はすべての能力を実現する傾向をもつというように、最良の存在へと向かう動因があると仮定してはいない。むしろ、人間は自らが置かれた環境に適応していくなかで必要な複雑性や生存能力を発達させる傾向をもっている、という立場を取る（Greenberg, Rice & Elliott, 1993）。

Rogersは、実現傾向という中核的な動機づけを提唱したが、この理論が意味をなすように、さらに2つの動機づけに関する概念を提示した。1つは、有機体による評価プロセスという概念である。これは、ある事物や対象が自分にとって望ましいのか否かを判断する実際の主体は有機体にあり、実現傾向を導くのはまさにこの力である、という考えである。もう1つは、第2の中核的な動機づけであり、他者からの肯定的配慮の要求である。これは他者から見て"あるべき"姿になろうとするために自己概念に影響を与える、**価値の条件（conditions of worth）**を形成する。そのため、自己概

念は、実現傾向から派生する自己実現傾向によって保持されていると考えられた。

　自己概念や他者からの肯定的配慮を維持したいという欲求と実現傾向との間で葛藤が生じた場合、それを解決しようとする試みのひとつは、自らの有機体的体験への気づきを否認または歪曲することである。しかし、否認や歪曲を維持するのが難しい生活環境になれば、人は不安になったり防衛的に振る舞ったりして、たいていはある程度の心理的混乱を示す。パーソナリティの一貫性を保つ他の方法は、Rogers ではなく EFT によって詳説されている。それは、自己を攻撃するか、条件つきでしか配慮を与えてくれない他者を非難するか、あるいは自分が他者から配慮を求めていること自体を否認するか（極端な自立）ということである。

　パーソン・センタード・アプローチにおいて、クライエントは、ありのままに理解され（共感）、無条件に受容され（無条件の肯定的配慮）、純粋でいられる（自己一致）という修正体験をする。そのような治療関係によって、クライエントは取り入れられた価値の条件を解消できる。このようにして、パーソン・センタード・アプローチは効果をもつと考えられる（Rogers, 1959）。EFT のセラピストも、上記の中核的な条件を基盤としている。それに加えて、価値の条件によって生じた対人関係上の不安が減少すれば、それ自体が治療的なものとなり、自分のなかで生じる不安への耐性も高まる。その結果、不安の原因となる否認または歪曲された内的体験に焦点を当て、それを探索することが可能になる（Greenberg, Rice & Elliott, 1993 ; Rice, 1974）。

　プロセス研究は、徐々に Rogers の理論に影響を及ぼすようになり、面接中のクライエントの今まさに進行している体験プロセス（immediate experiencing）が治療成果と関連していることを明らかにした（Gendlin, Jenney & Shlien, 1960 ; Kiesler, Mathieu & Klein, 1967）。そして、Rogers（1959）は 7 段階からなるクライエントのプロセスに関する概念を発展させ、プロセス尺度として操作的に定義した。続いて、Gendlin は体験プロセス尺度を開発し、人が自分自身の体験プロセスからどの程度離れたり近づいたり

するのかを測定した（Klein, Kiesler, Matheiu & Gendlin, 1969）。

体験的フォーカシング

　Gendlin（1962）は、独自の心理療法論を提唱し、生の身体感覚のプロセスである体験プロセスが、心理的現象の基本的データを構成すると考えた。そして、健康的に生きるためには、この基本的データへの気づきが不可欠であると考えた。Gendlin は、最適な自己プロセスとは、フェルトセンス（身体的に感じられる意味）が言葉という象徴と接触し、明在的な意味を作り出す体験プロセスをより活用できるようになっていくことであると考えた。このように考えることにより、否認と自己不一致を中心とする自己機能の構造論的モデルから、**機能論的な**プロセス的見解へと移行したのである。EFT は、このプロセス的見解を採用している。

　機能不全は、体験プロセスの遮断によって生じるものと考えられた。Gendlin（1962）は、重要なのは知覚された内容ではなく、体験様式であると考えた。機能不全は固着した構造やパターンを体験している状態であり、問題は今ここで起こっている出来事を即時的に体験できないことである。したがって、効果的な心理療法のプロセスは、クライエントの注意を今ここでの体験プロセスに向けることにある。これは生理機能や意味の創造にも影響を及ぼすことが明らかにされた。Gendlin（1996）は、このプロセスを**フォーカシング**（focusing）と呼んだ。

　Gendlin（1996）の理論の中核には、人間の体験プロセスは豊かで複雑であり、それを明確に表現することは概念的にも言語的にも限界がある、という考えがある。人間の体験プロセスには、つねに言語や概念で表わされる以上のものが含まれる。自らの体験プロセスに注意を向けると、その体験を表わすのにふさわしい言葉や象徴が見つかる。フォーカシングでは、言葉と体験とを照合し、それがぴったりと合う感覚（「そう、それがぴったりです」）を探索する。そこで見つかった「それ」は、フェルトセンス

という用語で表わされる。フェルトセンスが表わされる形はさまざまであるが、決して無秩序ではない。フェルトセンスは、まだそれにふさわしい表現がない曖昧なものではあるが、非常に精密で「ぴったりと合う」言葉は限られている。そのため、それまで明らかではなかった体験を明在的なものにしていくことが治療プロセスにおける目標となる。

絶え間ない感じるプロセスとそこに向ける注意との相互作用から、「これだ」という明確な感覚が生じてくると、その感覚はある特定の種類のものとして認識されるようになる。このように個人がその感覚を直接的に探索することを、Gendlinは**直接のレファレント**（direct referent）と名付けた。そこでは象徴化と、Gendlinの言葉でいう**進展**（carry it forward）が起こる。Purton Cambell（2004）が述べた通り、見つけることと作ること、または発見することと創造することを明確に区別するのは不可能である。手でボールをつかむ際の握る形は、手とボールの両方から成り立っている。そのレファレントに暗在されるものを体験的に知ることは、注意をもってつかんだ後に何が起きるのかを暗示する。「暗示する」というのは、論理的に導かれるようなものではない。それが完全なものとなるには、他の何かを必要とする。自動的な感情反応や潜在的な意味の発見は、身体的なフェルトセンスを喚起するが、フェルトセンスは気づきの中心に存在しないため見過ごされてしまう。フェルトセンスは、感じている何かを暗示するが、注意を向けなければ気持ちとして十分に認識できる形にはならず、処理されることはない。

この観点において、言語は意味を創造するものであり、言語の外にある現実に「対応する」、現実を「反映する」、あるいは現実と「一致する」ことによって意味を獲得するものではない。このように象徴化は、象徴と体験との一致とはみなされない。この考えはRogersの一致に関する概念を捉え直し、現象学的観点に複雑な構築主義の要素を導入することになった。EFTは、このような構築主義の観点を取り入れ、感情と象徴の相互作用が意味創造の中核をなすと捉えている。

感情反応は、泣く、叫ぶというような行為に見られるように、同じよう

な特定の行動を伴うものであり、その場の状況の細かな側面を汲み取るものではない。フェルトセンスは、こうした感情反応とは異なる。フェルトセンスを感じたときに付随してくるのは、その状況で何が求められているのかを知らせる潜在的な感覚であり、それは言葉では十分に表現できない。Gendlin は、フェルトセンスを明在的な感情（たとえば、恐怖、怒り、悲しみ）とも身体的感覚（たとえば、痛み、窮屈さ）とも異なるものとしている。喪失を悲しんでいるという状況全体に関するフェルトセンスは、悲しみ以上のものである。たとえば、愛する人がもういないという感覚、自分の人生における故人のかけがえのなさや特別だという感覚、故人なしにはどう生きていけばよいのかわからないという感覚などである。フェルトセンスと感情は異なる。Gendlin は、フェルトセンスと感情を比較し、感情は特定の状況に対するより生の反応であり、独自の繊細さがそれほどないとした。

　しかし、感情に関する Gendlin の言及は、個人が自分の感情に圧倒される体験に限られている。Gendlin は、そのような感情を情念（押さえることができずにわっと起こるような強い感情（sheer emotions））と表現した。EFT では、感情を複数の種類に区別し、Gendlin の情念もそのなかのひとつ（二次感情）とみなす。Gendlin は、感情を発散させることや、感情を表わすこと自体が有意義とするカタルシスの考えに反対したが、EFT のセラピストもそれと同じ見解を取る。しかし、EFT では、情念ではなく、一次感情が体験プロセスを構成する基本的要素としている。そして、一次感情に接触してそれを表わすことによって、自らの行為、実現傾向、要求について知ることが重要と考える。

　このように、Gendlin と Rogers は体験プロセスを実存の基本的事実とみなした。EFT では、感情を基本的要素とみなし、体験プロセスにおいてさまざまな種類のプロセス処理が潜在的に統合されて、感情反応や意味が組み合わされた、より高次の複雑な派生物とみなす（Greenberg & Pascual-Leone, 1995, 2001）。喪失に対する悲しみは基本的反応であるが、人生におけるかけがえのない重要な対象を失ったという取り返しのつかない感覚を

含むフェルトセンスや、この先どう生きていけばよいのかわからないという感覚を含むフェルトセンスは、複雑な派生物である。EFT はフェルトセンスの重要性を取り入れ、さらに、基本感情や感情覚醒も重要であるという理解が加えられている。EFT では、意味を創造するためには、フェルトセンスに注意を向けてそれを象徴化することが重要であるとしている。また、恐怖、怒り、悲しみなどの明確な感情を活性化し、それらを調整する必要があると考える。それによって、潜在的な評価、行動傾向、要求に近づくことができ、自分にとって何が望ましいのかを知り、適切な行動を取ることができるからである。

　Gendlin（1996）は、臨床実践の観点から**フォーカシング**というアプローチを開発した。フォーカシングの第 1 段階は、身体的なフェルトセンスに注目することである。これにより、その状況におけるフェルトセンスがより明確になる。第 2 段階は、**展開**と呼ばれる。フェルトセンスに注意を向けることにより、それが「共鳴」しはじめ、新たな意味が立ち現われる。第 3 段階は、全体への**適用**である。ここで人は、他の状況や境遇、記憶とのいくつものつながりを体験する。第 4 段階は、**レファレントの動き**である。これは「全体としてそれがどのように感じられるか」ということへのシフト、つまり、ある問題全体に対するフェルトセンスへのシフトである。

　もともと Rogers は単一の治療的意図（自己理解の検証）しか提唱しなかったのに対し、Gendlin は二元論的意図モデルを導入した。二元論的意図モデルでは、Rogers のように自己理解につながる環境を提供するだけでなく、体験を深めることも意図する。共感的理解に加えて、体験的に感じられたことへ瞬間的に注意を向けることが新たなプロセスとしての目標となり、ここから体験を深めること自体を重要な治療プロセスであり治療目標とする体験療法が生まれた。EFT は、この 2 つの意図を基盤とし、さらに別の意図も加えたアプローチを発展させた。EFT は、プロセス指標に基づくプロセス指向アプローチを提案している。このアプローチでは共感的理解や体験プロセスの深化に加えて、促進、注意、表出、調整、象徴化などの文脈に応じたさまざまな意図をもち、そして面接中の状況やクライエ

ントの状態を個別に捉えて定めていく。このようにEFTは、共感的な関わりで体験プロセスを深めることだけでなく、特定の感情処理プロセスを促進するために、時と状況に応じてさまざまな方法を用いる多元的治療意図モデルを採用した心理療法である。

　多元的治療意図や具体化された介入法を用いたことにより、EFTの理論は、パーソン・センタード・アプローチ、ゲシュタルト療法、ヒューマニスティック・アプローチ、実存主義的アプローチの原理に沿っているのかどうかという論争が巻き起こった。非指示性や治療的態度を心理療法の主要素に据える古典的なパーソン・センタード・アプローチのセラピストは、治療的技法やセラピストの意図を用いることを指示的または非治療関係的とみなす。ゲシュタルト療法のセラピストは、どのような形であれ、特定の目標に向けて規定された変容プロセスは、オープンな実験に反するとみなす。また、特定の技法を用いることは極めて指示的であり、そのような関係は本来的な（authentic）ものではなく、非治療的とみなす。EFTが提唱しているのは、話す**内容の指示（content directive）**ではなく、**プロセスの指示（process directive）**である。クライエントの体験についてセラピストが自分の理解を押し付けない限り、特定の手続きを用いることは、関係性を重視することや、クライエントを自らの体験の専門家とみなすこととは矛盾しない。EFTのセラピストは、クライエントが何を体験しているのか、あるいは何を体験すべきかを示す専門家ではない。そうではなく、クライエントがどのように体験を深めていくのかを示す専門家である。技法を用いるのは、クライエントにある特定の体験を強いるためではなく、体験が起こりうる状況をつくるためである。治療関係の中核的な条件や、そのために用いられる技法の強調に加えて、指標に基づく介入を提示したことがEFT独自の貢献である。これらの追加された要素は、パーソン・センタードの関係性や、オープンで真の現前性と応答性を特徴とする我－汝の関係の治療的な重要性を貶めるものでは決してない。EFTの介入法は、クライエントを物とみなすような機械的な治療ではなく、クライエントとの関係性をつくり、保つための具体的な方法とみなされる。技法の使用は、我－

汝の対話を侵害したり、クライエントを主体とみなすことと矛盾したりするものではない。

ゲシュタルト療法

ゲシュタルト療法（Perls, 1947 ; Perls, Hefferline & Goodman, 1951）は、EFTのかなり大きな部分を形成している。Rogersと同様にPerls（1969）も、個人が実現しようとするイメージ（自己概念）と、ゲシュタルト療法において**自己実現傾向**（Rogersにおける有機体的体験）と呼ばれるものと相容れないとき、多くの問題の原因と考えた。ゲシュタルト理論では、（価値の条件の）取り入れが自己実現を妨げ、感情や欲求よりも「すべき」という発想が個人の行動や体験を決めてしまうと考える。パーソナリティにおける主体の一形態である主語としての「私（I）」は、目的語としての「私（me）」を形づくる自発的かつ前言語的な水準と同一化するか、反対にその水準から疎外されてしまうか、そのいずれかであると考えられた（James, 1890）。そして、体験を同一化したり疎外したりする**プロセス**に気づくことが健康につながると考えられた。人は自身の機能の仕方に気づくことによって、どのような場合に体験を自らのものと認めて行動すればよいかが選択できるようになる（Perls et al., 1951）。さらに、心理療法においては、自分自身が体験を生みだす積極的な主体であるとクライエントが実感できるように、（意図的に）気づきを調整する実験が行なわれる。これによりクライエントは、"私自身が考えて、感じて、行動する主体である"と体験しはじめる（Perls et al., 1951）。

Perlsは、人間は元来、組織化傾向を備えているという考えを貫き、自己調整は生得的であり、有機体がもつ傾向であると強調した。そして感覚への気づきによってさまざまな気持ちや要求を区別できれば、効果的な自己調整が可能だと考えた。核となる前提として、健康的な有機体は、自分にとって何が望ましくて取り入れるべきか、反対に何が悪いもので拒否す

べきかを「知っている」という考えがある。ゲシュタルト療法では、動機づけに関する動的な場の理論が採用され、最も優勢な要求がその状況のなかで図となり、場を構成していくと考える。たとえば、パーティで小集団ができるのは、交際相手を探しているか、帰るときに誰かに送ってほしいか、または仕事を探しているか、といったことに依拠している。有機体が元来もっている知恵が働いた結果、要求が自発的に起こり、それによって適切な行動が導かれる。ひとつの要求が生じては満たされ、また次の最も必要な要求が生じては満たされ、というプロセスの繰り返しが生きるということである。ゲシュタルト理論では、要求が最も基本的なプロセスである。しかし、どのように要求が生起するのかについては明らかにされなかった。一方 EFT では、スキーマの活性化という観点から要求の生起を説明している。

　ゲシュタルト理論によると、健康であれば、生起する体験を自分のものとして受け止められるが、機能不全の状態であれば、自動的に体験を否認（disowning）したり、疎外（alienation）したりする（Perls et al., 1951）。病理や機能不全は、要求と充足のプロセスが阻害されたときに生じる。これは気づきに欠けることが原因と考えられる。つまり、取り入れ、投影、反転（retroflection）などのさまざまな防衛機制によって気づきが阻害され、環境との接触や要求充足が妨げられる。両極の葛藤、習癖、未完了の体験、回避、破局的傾向などの現象も、気づきや要求充足を阻害して機能不全を引き起こす深刻なプロセスと考えられる。さらに、人間はさまざまな部分から構成され、相反するものを統合することによって機能していると考えられる。EFT でも、個人は異なる部分から構成され、それらは統合される必要があり、統合されなければ機能不全に陥るという自己のモジュール理論が仮定されており、このゲシュタルト療法の考え方はすべて EFT に組み入れられている。

　ゲシュタルト療法の理論家は、プロセスとしての自己モデル（self-as-process model）を提案している（Perls et al., 1951）。このモデルでは、接触の体験を通じて自己が存在しはじめる（すなわち、主体としての「私」そ

のものが自身の体験となる）。したがって、自己は個人の「内部」から取り出されて場のプロセスとなる（Perls et al., 1951 ; Wheeler, 1991 ; Yontef, 1995）。プロセスの観点から見れば、自己は内部と外部とが交わる部分であり、EFT や動的システム論が、場の全要素の動的総合と呼ぶプロセスによって統合される。自己は内部のどこか奥底に存在するのではなく、表層に形成される。そして、要求を満たして問題の解決や障害への対処にあたるため、有機体と環境との間にあって変化しつづける境界線上で、絶えず自己は形成されつづける。この観点によれば、不変の自己は存在せず、体験を理解するときは場（環境）の果たす役割が重要になる。自己形成に関して EFT は弁証法的構築主義の理論的立場を取る。それは上記の自己機能の考えに基づき、自己は動的自己組織化システム、つまり、自己を行為の主体かつ環境との相互作用から瞬時に影響を受ける存在とみなす。

　ゲシュタルト療法の中核的なプロセスは、感情や感覚や動作のプロセスに注意を向け、気づきを高めることである。環境と接触しようとするときや、反対に環境から一歩下がろうとするときに、クライエントの気づきを注意深く追跡する。要求に気づいて行動し、それが満たされると目標が達成され、新たな興味が生じるというように、瞬時に変化する絶え間ないプロセスとして気づきを追跡する。そのため、ゲシュタルト療法では、その瞬間にまさに起こっている現実を自分自身がどのようにつくっているのか、クライエント自身に気づいてもらう方法を提供する。そうすることで、クライエントは現実を作り出す自らの主体性を体験し、今ここの現実との接触を妨げる未完了の体験に気づき、再びそれに取り組むことができる。EFT は、このようなゲシュタルト療法の実践的側面を取り入れている。

　ゲシュタルト療法は、プロセス指示的な心理療法であり、セラピストはプロセス指示やプロセス観察を行なう。もともと、ゲシュタルト療法のセラピストは、主な介入法として共感的反応はあまり使わず、それよりも段階的な実験を行なっていた。この実験は、面接中に課題をこなして、それを完了することよりも、新たな何かを発見することを目指して用いられている。その実験では、「実際にそれをやってみましょう」と促し、「今、何

を体験していますか?」と問いかけるのが典型的である。EFT は、ゲシュタルト療法の実践から多くの重要な実験を取り入れ、いつ実験を行なうのが最適なのか、どのプロセスが促進されると変容に達するのかを明確に特定した。EFT では、ゲシュタルト療法が強調する感情体験や気づきに接触し、それを高める方法を取り入れ、さらに、パーソン・センタード・アプローチが強調する安全感の提供や、体験療法が強調する体験の深化も組み込んでいる。EFT は、気づきのなかで体験を鮮明にすること、気づきが到達しつつある部分を探ることの両方を強調する。

実存療法

人間の本質や生への究極的な関心に対する EFT の広い視点は、実存療法の影響を受けている。実存主義者は、人間を、未来を志向し、目標や理想に向かって努力するように動機づけられた存在とみなす。そして、人間の可能性、潜在性、能力、資質を信じる。人間は、世界と関わる可能性を大いに秘めており、いつでも何らかの可能性を開花させうる。さらに、人間は自身が可能性をもっていることを理解する能力があり、その可能性を実現できていないかどうかに気づくこともできる。どの可能性を実現させ、どの可能性をあきらめるかは、個人で選択する必要があり、また個人にその選択責任がある。このような視点をもつ心理療法が焦点を向けるのは、どの可能性を実現させるのかをクライエントが選べるようにすることである。

実存主義の立場において、実存に先立つ生来の「本質」は存在しない。自分自身を決めるのはまさにその人自身である。人間は、健康と病気、善と悪に対する指向性をもち、道徳的には中立の状態で生まれてくる。しかし、善悪を区別して選択する能力があるという意味では、生来の価値判断をもつといえる。Frankl (1959) は、「意味への意志」を人間の基本的動因として提唱した。EFT は、意味の創造を人間の中心的な機能とするこの視

点を取り入れている。

　実存主義の理論において、機能不全は、本来性（authenticity）の欠如や体験の疎外、その結果として生じる意味の喪失や孤立、そして、存在論的不安が原因と考えられている。有限性、自由、孤立、意味の喪失といった根源に関わる存在の諸「条件」に対し、そこから逃れられないという不安がある（May, 1977 ; Yalom, 1980）。これらの根源的な事象に意識が向くことで生じる不安に対し、防衛機制が働くと、本来的な選択を行なう能力が阻害される。実存主義者は、根源的な事象への気づきが不安や防衛機制を引き起こすと考える（May & Yalom, 1989 ; Yalom, 1980）。EFTは、治療的焦点を当てる対象のひとつとして、実存療法の根源的な事象と選択を取り入れている。

EFTの展開の軌跡 ── 独自のアプローチとして

　EFTは、心理療法における変容プロセスを理解するための研究（Greenberg, 1979, 1986 ; Rice & Greenberg, 1984）を土台として開発された。この変容プロセス研究の中心には、人間機能における感情の役割への関心（Greenberg & Safran, 1984, 1987）があった。1970年代初頭、ヨーク大学において、Laura Riceと筆者は、治療的変容は、クライエント中心療法の関係性に基づく援助関係だけでなく、特定の変容プロセスやさまざまな変容を引き起こす面接中の重要な出来事によって生じると考えるようになった。その後、面接中の重要な出来事の特徴について、クライエントがどのような認知・感情状態（指標）に入り、どのような介入に応じるのかという点から記述できることに気づいた。クライエントは問題解決を試みる積極的な主体であり、セラピストは特定の介入によってクライエントの試みを促進する存在とみなされた。筆者らは、問題を改善するクライエントとセラピストの試行を治療課題と呼び、プロセス指標に基づいて介入を使い分けるプロセス診断法として、後にEFTの特徴となった。最初に分析した治療課

題は、問題となる感情反応を解決するためのパーソン・センタード・アプローチに由来する系統的喚起展開法と、自己分離を解決するためのゲシュタルト療法に由来する二つの椅子の対話であった（Greenberg, 1979 ; Rice & Greenberg, 1984）。

　筆者は、パーソン・センタード・アプローチやゲシュタルト療法、Satirのシステムアプローチに関する臨床訓練に続いて、J. Pascual-Leone（1987）による新ピアジェ派の構築主義の心的モデルに強く惹かれるようになった。そのモデルにおいて、体験は、無意識のスキーマの活性化と、注意や類推などの意識的なプロセスの作用によって決定されると考えられた。この心的モデルによると、状況は特定の反応を引き起こす刺激になるかもしれないが、人間も主体としてその刺激に注目したり無視したりすることが可能であり、自身の自動的な反応を拡張したり阻害したりすることで、自身の反応に影響を及ぼすことができる（J. Pascual-Leone & Johnson, 1999）。このモデルにおいて、感情は、認知的な問題解決プロセスの一側面としては注目されず、スキーマの活性化を促進する役割を担うものとして仮定された。

　筆者は、臨床訓練を修了した後、変容プロセス研究を通じて（Greenberg & Pinsof, 1986 ; Rice & Greenberg, 1984）、感情は治療的変容の中核であり、感情がスキーマの活性化や生きるうえで出くわす問題の解決プロセスを促進すると確信するようになった。また、人間の機能や心理療法に関するほとんどの理論において、感情は無視されているか、明確に概念化されていなかったことにも気づいた。当初の筆者の臨床観や思索は、病院の外来、個人開業、大学や学校のカウンセリングセンターにおける心理面接から影響を受けていた。筆者には、信頼できる受容的な関係が、治療効果の決定因と思われた。そのような関係性を基盤にして、クライエントは必要な安心感を得て、それまで秘めていた感情を開示し、セラピストが自身の感情体験へ共感的に波長を合わせるのを実感し、修正感情体験をもつことができると考えた。これは二者関係による感情調整を促進するものと捉えられた。しかし、クライエントの多くは、感情を過度に抑えていた。そのため、感情体験を語ることよりも、感情に気づいて感情を体験することが鍵であ

ると、当時の筆者は考えるようになった。

　EFT の起源は、『変容のパターン』（*Patterns of Change*）（Rice & Greenberg, 1984）と『心理療法における感情』（*Emotion in Psychotherapy*）（Greenberg & Safran, 1987）」という 2 冊の著書にある。そこには、プロセス指標に基づく介入や、治療的変容における感情理解の基本原則がまとめられている。当初から筆者の目標は、心理療法のひとつのブランドを開発することではなく、個人やカップルの心理療法における変容プロセスや感情の役割を明らかにすることであった（Greenberg & Johnson, 1986 ; Greenberg & Safran, 1984, 1986）。EFT という名称は、カップルアプローチを名付けた後に付けられた。マニュアル化された心理療法の効果を検証することによって、ブランド名をもつ新たな心理療法が決められるという現状に、筆者は納得していない。心理療法の実証研究が重要であることに疑念はないが、臨床試験による効果研究が黄金律として強調されることにより、変容プロセスの理解は遠ざけられてしまった。しかし、エビデンスに基づく心理療法を重視する潮流のなかで、心理療法はマニュアル化され、妥当性と正当性を示すための効果検証を迫られた。そこで、カップルと個人に対する EFT アプローチもマニュアル化することになった。これは生産的なことであったが、筆者の最大の関心はブランド名をもつ心理療法の開発ではなく、科学的に実証された統合的治療アプローチの開発であった。心理療法の学派は、学識よりも政治、経済、権力が優勢になりやすい。

　変容における感情の役割に対する理解が深まっていくと、変容における作業同盟の役割も概念化することができるようになった。筆者は 1974 年に Society of Psychotherapy Research に参加した。変容の中核的な要因として、まず Bordin の作業同盟の概念が紹介され、パネリストとして Laura Rice が心理療法における治療課題の重要性という筆者らの見解を発表してくれた。Bordin（1979）の見解は、目標についての合意がなされ、取り組む課題が目標の達成にとってふさわしいと認められることによって、治療関係上の絆が形成され、その絆の性質によって作業同盟が構成されるというものであった。この 2 つの側面が治療作業における協働の操作的概念であっ

た。筆者は、指導学生（Adam Horvath）に、博士論文研究として作業同盟目録（Working Alliance Inventory）を開発するように勧め、実際に彼はその開発に成功した。そして、知覚された共感や、作業同盟の下位尺度のひとつである"絆"に比べて、特に作業同盟の下位尺度のひとつである"課題についての協働"が治療成果をよりよく予測することが明らかとなった（Horvath & Greenberg, 1989）。こうして筆者は、課題が適切だとみられているか、また、課題に対する協働ができているかということを、共感より重要な予測因子とみなすようになった。その後、クライエントの内的世界に関する理解をただ言葉にして伝えるよりも、クライエントの要求に見合った適切な介入を提示するように、共感的理解を治療的な行為として活用するほうが、より治療に役立つと理解するようになった。このように、共感的コミュニケーションに加えて、課題についての協働がEFTの重要な基本原則となり、関係性に関する理論の中核的要素となった。

　筆者は、1981年にとった初めてのサバティカル中に、Palo AltoにあるMental Research InstituteのCarlos Sluzkiのもとで、システムアプローチの研修を修了した。そこで筆者は、個人療法において発展させてきた感情に焦点を当てる観点と、システムアプローチにおける相互作用の観点とを統合するようになり、カップルセラピーにおける感情に焦点を当てた統合的アプローチの開発と研究を行なってきた。そして、British Columbia大学で研究プログラムを開発し、これまで個人療法で行なわれてきた個人内の葛藤を解決する方法と同様の方略で、カップルの関係上の葛藤も解決されるのかどうかを検証した（Greenberg, 1979 ; Greenberg & Clarke, 1979 ; Greenberg & Webster, 1982）。そのために、博士課程の学生（Sue Johnson）とともに、エモーション・フォーカスト・カップルセラピー（Emotion-Focused Couple Therapy : EFT-C）のマニュアルを開発した。以来、システム論の視点が体験的アプローチに取り入れられるようになった（Greenberg & Johnson, 1986, 1988）。

　システム論的視点へのEFT-C独自の貢献は、ネガティブな相互作用の循環が維持されている際の感情の役割に着目したことと、そのネガティブ

な相互作用の循環を打破して新たな相互作用のパターンを生み出すために感情を活用したことであった（Greenberg & Johnson, 1986, 1988）。ネガティブな循環を、基底にある傷つき感情やそれにまつわる要求という視点から捉え直した。そして、つながりを作り出すのにカップルの一人が傷つきの感情を自己開示することと、相手がその開示された傷つきに対して共感的な反応を示すことの重要性を浮き彫りにした。このように、EFT-C は、相互作用を扱うシステムアプローチの手法に、感情を扱う体験的な作業を加えた。感情に焦点を当てることで、EFT は自己をカップルというシステムへと組み入れることができた。

　筆者は、1986 年にカップルや家族を対象とした臨床・研究を幅広く行なった後、再び個人療法における体験的変容のプロセスの研究に取り組み、現在は対人関係における感情的傷つきの解決（Greenberg & Malcolm, 2002 ; Paivio & Greenberg, 1995）、うつ病の治療といった研究テーマを進めている（Greenberg, Rice & Elliott, 1993 ; Greenberg & Watson, 2006 ; Greenberg, Watson & Goldman, 1998）。これまでに筆者が展開してきたのは、パーソン・センタード・アプローチに由来するクライエントを共感的に追跡することと、ゲシュタルト療法における実験的な手法やカップルセラピーにおける相互作用と行為化を促す手法に由来するプロセス指示を組み合わせた方法である。指標に従ってプロセス指示的な手法を取り、感情スキーマの変容に焦点を当てるプロセス体験アプローチの基本原則も、Laura Rice や Robert Elliot と協働してまとめあげた（Greenberg, Rice & Elliott, 1993）。

現在までの展開

　EFT およびプロセス体験アプローチの治療効果は、うつ病、カップルの心理的苦悩、対人関係の問題、複雑性トラウマの治療などで実証されてきた（Goldman, Greenberg & Angus, 2006 ; Greenberg, Watson & Goldman, 1998 ; Johnson & Greenberg, 1986 ; Paivio & Greenberg, 1995 ; Paivio & Nieuwenhuis,

2001 ; Watson, Gordon, Stermac, Kalogerakos & Steckley, 2003）。その後、治療効果とプロセスとの関連を示すさまざまな研究を完了し（第5章参照）、感情に焦点を当てるアプローチの総体の基本原則を明確化する時機が来た。これらについては『エモーション・フォーカスト・セラピー――感情と向き合うプロセスをコーチする』（*Emotion-Focused Therapy : Coaching Clients to Work Through Their Feelings*）（Greenberg, 2002）という著書のなかで説明した。この著書では、（文法的により正確な"Emotionally-focused"という表現ではなく）、**感情焦点化コーピング**（emotion-focused coping）という心理学用語に見られるように、より一般的な表現を用いて、個人とカップルへのアプローチを含む全体に対して**エモーション・フォーカスト・セラピー**（emotion-focused therapy）という用語を用いた（Greenberg, 2002）。そして、セラピストは感情コーチとしてクライエントに関わるという発想を導入した。『心理療法における感情』（*Emotion in Psychotherapy*）（Greenberg & Safran, 1987）に始まり、『心理療法における感情の作業』（*Working with Emotions in Psychotherapy*）（Greenberg & Paivio, 1997）に引き継がれていった、心理療法における感情の役割を理解する取り組みが、ここで結実したことになるだろう。さらに、多文化的な文脈でエモーション・フォーカスト・アプローチの教育と実践が行なわれるようになり、多少の調整をすれば適用可能であることも示された。集団を強調する文化的文脈では、感情表出は他者に与える影響ゆえに制限される。そのような文化圏では、感情に取り組む際には、よりしっかりとした信頼関係と明確な治療原則の説明が必要であることがわかった。

　この頃には、個人の中核的な不適応的感情スキーマが心理的苦悩に強く影響することも理論的に明示されるようになった。治療の焦点となったのは、見捨てられることへの中核的な恐怖や不安、自分が価値ある存在として尊重されないことや貶められることへの恥や不安であった。また、人間が機能するうえで感情調整が重要であることもより明確になった。感情で感情を変えるということが、感情を変容するための中核的な原則であることも明示された（Greenberg, 2002 ; Greenberg & Watson, 2006）。

筆者は、1990年代以降の構築主義的心理療法の展開にも携わってきた（Guidano, 1995 ; Neimeyer & Mahoney, 1995）。そこで、構築主義や後に現われるナラティブセラピーの視点が（Angus & McLeod, 2004）、EFTにおける意味形成の側面を明確にするのに役立つことがわかった。それらの影響から展開したのは、感情スキーマと語りの相互作用に基づく機能をまとめた弁証法的構築主義の観点である（Greenberg & Pascual-Leone, 1995, 1997, 2001）。この時期には、多くの人がEFTをさまざまな方向に発展させるようになった。Sue Johnsonらは、より愛着を基盤としたEFTのカップルセラピーを展開し、EFTに対する世間の認識を大いに広げた（S.M. Johnson, 2004）。Sandra Paivioはエモーション・フォーカスト・トラウマセラピー（emotion-focused trauma therapy）を開発した（Paivio & Pascual-Leone, 2010）。Jeanne WatsonはEFTと認知行動療法を比較検討し、EFTをエビデンスに基づく心理療法として確立させていった（Watson, Gordon, Stermac, Kalogerakos & Steckley, 2003）。さらに、Robert Elliotらは、EFTのスキルをうまく学ぶために治療の諸側面をより明細化し（Elliott, Watson, Goldman & Greenberg, 2004）、不安の治療に対するEFTの適用を進めた。

　以上の発展はすべて、『うつ病に対するエモーション・フォーカスト・セラピー』（*Emotion-Focused Therapy of Depression*）（Greenberg & Watson, 2006）や『エモーション・フォーカスト・カップルセラピー——感情、愛、権力のダイナミクス』（*Emotion-Focused Couples Therapy : The Dynamics of Emotion, Love and Powe*r）（Greenberg & Goldman, 2008）のなかで、EFTを用いた本格的なアプローチとして具体的に紹介されている。この2冊の著書は、愛着やアイデンティティを維持して親密さを得るための感情調整の役割を基盤とする、治療の流れやケースフォーミュレーション、そして機能に関する理論の発展に貢献した。

3
理論

　本章ではまず理論的発展の概略とエモーション・フォーカスト・セラピー（Emotion-Focused Therapy：EFT）の人間観について論じる。次に、人間の機能における感情と感情スキーマの役割を概観する。続いて、体験は象徴化され、一貫性のある語りが構築されるという、EFT の自己機能に関する弁証法的構築主義理論について詳述する。最後に、機能不全に対する EFT の見解をまとめる。EFT は、前章のヒューマニスティック・アプローチによる心理療法の古典的な理論的見解を、現代の心理学理論の一連のアイデアによって補完している。それは、感情や動的システムや構築主義に関する現代の理論を取り入れることで、より完成された人間の機能や機能不全や変容についての理論的根拠を示すためである（Greenberg, 2002 ; Greenberg & Goldman, 2008 ; Greenberg & Van Balen, 1998 ; Greenberg & Watson, 2006）。それらの補足については、以下に詳述する。

◢ 理論的発展の概要

　現代の感情理論では、感情は本質的に適応的なものと捉える（Frijda, 1986 ; Greenberg, 2002 ; Greenberg & Paivio, 1997 ; Greenberg & Safran, 1987）。このことは、EFT における人間の成長傾向の概念に科学的根拠を与えている。感情があってはじめて複雑な状況のなかで有機体は迅速かつ自動的に情報を処理することができると考える。その結果、重要な基本的要求

（たとえば、愛着、アイデンティティ）を満たすのに適した行動を導くことができる。人は感情によって、その状況が自身の適応にとって重要かどうかを素早く自動的に評価し、その結果、適応的な行動を取ることができる。Rogersによる有機体の価値づけプロセスとPerlsによる有機体の知恵は、感情の理論と動的な自己組織システム理論を組み合わせると、よりわかりやすく説明できる。

　EFTは、主観と知覚に関するヒューマニスティック心理学の視点を、**構築主義**における認識論と機能論に結びつけている。人間は、さまざまな要素が絶えず相互作用し、体験と行動を生み出す動的な自己組織システムとみなされている（Greenberg & Pascual-Leone, 1995, 1997 ; Greenberg & Van Balen, 1998）。このような考え方によると「私（I）」は、行為主体としての自己という側面ないし自己を語る声であり、ある状況でのさまざまな体験を統合して、一貫した自己のストーリーをつくりあげていく。この声に「中枢的自己」という特別な地位はない。むしろ、さまざまな処理から意識的体験を絶えず統合し、体験と現実を意味のある全体へと構成するものとみなされる（Greenberg & Pascual-Leone, 1995, 1997 ; Greenberg, Rice & Elliott, 1993）。これまでに同定された主要な感情処理には3つの水準があり（生得的な感覚運動、感情スキーマ記憶、概念レベルの処理）、感情に基づくスキーマが機能の中心的役割を担うとされている（Greenberg & Safran, 1987）。

　古典的なヒューマニスティック・アプローチにおいて、体験することは既成の**事実（datum）**として扱われる。つまり、体験が起こることは避けようがない。一方EFTにおいて、体験することは、多様な生得的感覚運動と後天的感情スキーマが総合された結果と捉えられる（次節参照）。そこには多くの概念的な記憶が含まれ、すべて何らかの状況で活性化されるものである（Greenberg, Rice & Elliott, 1993）。この観点から考えると、同一の解発因と機能が協働して多様な神経系の活性化パターン（スキーマ）が喚起され、複雑だが調和した内的な場が生み出される（Greenberg & Pascual-Leone, 1995, 1997, 2001）。この内的な場は、その構成要素であるス

キーマから構築され、いつでも立ち返ることのできる内的複雑性の感覚を与える。そして、どのような瞬間においても、この内的複雑性は、はっきりとした表象によって表わされる以上の意味を含むと捉えられる。

EFTでは、自己概念と体験の不一致が機能不全の主要メカニズムである、とは捉えない。むしろ、体験がどのように構成されるかによって問題が生じる、と考えるのである。さらに、体験を受け入れないことだけが問題を起こすのではなく、感情調整の不全および過去の体験からくる痛みを伴う感情（たとえば、恐怖や恥）による不適応感情反応が問題を引き起こすと考える（たとえば、感情に圧倒される）。人間は自己概念を所有する存在ではなく、自らの体験を能動的に語ることによって、自己と他者がどのような存在であるかという見方、そしてなぜどのようにして物事が起こるのかという見方を構築する存在として捉えられる（Greenberg & Angus, 2004 ; Greenberg & Pascual-Leone, 1995）。また、人間は自分自身について多様な捉え方をし、一貫性と統一性を生み出す絶え間ないプロセスにあり、その捉え方はつねに更新されている。人間は瞬間ごとに、さまざまな自分の可能性のなかのひとつとして表われてくる。

EFTにおいて人間の適応的な機能を説明する際には、従来の一致性（congruence）の原則の代わりに**一貫性（coherence）**の原則が最終的な決定因となる。よって、適応的に機能するということは、単に「私」が自分の「感情」に気づき、自己概念と体験が合っていればいいというだけではない。別の言い方をすれば、生じた体験を自分のものとして十分に認めないことによって機能不全になるわけではない。たとえば、怒っている、悲しんでいる、自信がある、不安といったように、「私」は自分自身の一貫性の感覚を形成していく。これによって、これまで明確に表わされてこなかった「私」の体験の一部がうまくまとめられ、ある状況のなかで妥当で一貫した全体性へと統合される。あるいは、「私」は一貫性のある自己感覚や語りを形成しないこともある。適応的機能には、体験を発見することと、体験の多様な側面を調和させることの両方が含まれる。異なるレベルの処理が統合されることで、一貫した全体性が生み出される。この全体性

は意識を意味あるものとし、また自己に統合されたものとして認識される。こうした見解は、「すでにできあがっているものの、隠れていた意志が立ち現われて気づかれ、自己概念へと受容される」ことを前提とする問題点を克服するものである。むしろ、いくつかの異なる水準での処理と異なる複数の体験モジュールに注意を向けて統合する継続的なプロセスがあり、それらは気づかれずに統合されている。そして最終的には、複雑な内的な場が形成され、これが象徴化されて、やがて気づかれるようになる。

　この見解によれば、体験の発見のあとにはつねに意味の創造が続いて起こる。どちらのプロセスも他方より重要だとは考えられていない（Greenberg, Rice & Elliot, 1993 ; Greenberg & Safran, 1987）。人は自らの要求に気づけるように行動し、環境との相互作用のなかで生じる問題を創造的に解決する行為の主体である。ゲシュタルト療法の場の理論と同様に、要求は内因というよりもむしろ場に特有の事象であり、内的要素と外的要素が一貫した形で統合されるときに生じるものとされる。

　さらに、内的体験が生起することも、その体験が他者から支えられることも、変容プロセスにおいて活性剤となる。人間の活動や他者との対話のなかで意味が創出されるため、人は自分自身を発見する自己の創造者とみなされる。関係モデルと成長モデルを統合すると、感情によって導かれる成長傾向という生物学的基盤に基づいた自己組織化を通じて、また二人の人間の純粋な対話を通じて、変容が生じると考えられる。したがって、クライエントとセラピストの対話のなかで、新しい意味が再構成されることによって、変容は生じる。この対話においてセラピストは、クライエントの感情体験を積極的に肯定し、認証することで、クライエントのアイデンティティが統合されるようにする。人間は他者の存在なしには現前することができない。そこで、我－汝の対話（Buber, 1958, 1965）における治療的現前（therapeutic presence）（Geller & Greenberg, 2002）も重要となる。セラピストはクライエントの内的体験に焦点を当て、「あなたがそう感じるのはもっともである」と認めることによって、クライエントと**接触**し、クライエントを**肯定**する。

このように、成長傾向は内と外の両側から弁証法的に導かれる。内的側面は、ウェルビーイングとの関連から状況を評価する感情システムの影響を受ける（Frijda, 1986 ; Greenberg, Rice & Elliot, 1993 ; Greenberg & Safran, 1987）。セラピストは、クライエントが対処しようと努力するのを見守り、その努力を肯定および認証し、そして可能性や強さに焦点を当てることによって、クライエントの成長プロセスを支える。このことは、クライエントの内的体験のなかで何が活性化するのかを左右する。他の言い方をすれば、成長は対人関係の場で起こる。そして、対話のなかで焦点が当てられ、象徴化され、承認されることで成長は強化される。したがって、成長は、二人の人間が協働的同盟のなかで起こる。つまり、クライエントが生存し、向上し、人生を肯定するために共に作業するその「あいだ」から起こる。クライエントが体験を語り、成長に向かっている暗黙の可能性に焦点を当てるのを支援するセラピストの能力が、クライエントの成功傾向を促進するうえで重要となる。

人間の本質と動機についての観点

　EFTでは、人間の本性を肯定的なものとして捉える。人間は単純に生物学的に強化された随伴性や、生得的動因や、過去の体験だけによって決定されているわけではない。人間には創造性と主体性があり、気づきを得て選択することができる。人間は生存と成長を志向し、自分自身が置かれた環境に適応して生きようとする存在と捉えるのが最も適切である。
　EFTでは動機づけについて統合的な見方を取り、複数の力が体験と行動を導くと仮定する。動機づけは、願望や欲求といった「押し出す」要素（内的動因）と、刺激と結果や報酬によって引き寄せられる要素（外的誘因）を併せ持つ。個人は社会という場における相互作用のなかで意志と目標をもつ行為主体であり、気づきと選択と文脈が最終的な行動の決定因となる。個人は社会的な場に存在するため、体験と行動は、有機体と環境で生起し

つつあるものの結果である。感情の捉え方、感情表出、感情体験には文化とサブカルチャーでの規範があるため、感情表出は生物学的影響と文化的影響の両方から影響を受ける。

　人間は環境と絶えず関わる動的な自己組織システムであり、相互に調整しながら互いを形作っている。調整には、自らの願望を満たして恐れを落ち着ける自己調整と、他者に希望を満たされて恐れをなだめてもらう他者調整とがある。相互調整における自己と他者の2つの作用は、生まれたときから存在する。幼児は空腹を感じると、欲求を満たすべく母親の乳房から母乳が出ている間はそれをしゃぶり、自己が組織化されていく。

　感情調整は動機づけの中核的側面である。人間は自分が欲する感情を感じ、欲しくない感情は感じないように動機づけられている。この傾向は、生存と成長に役立つために進化してきたと考えられる。したがって、多くの行動と相互作用は、関係性のなかで要求や目標が満たされるときに体験される興奮や喜び、または関係性の構築に失敗したときに感じられる恥や不安や孤独によって動機づけられている。EFTにおいて感情は、自分にとって何が良くて何が悪いのかを教えてくれるものと捉えられる。また、私たちはアイデンティティを維持し、つながりを求めるが、それはこれらの行動がある特定の感情や感覚をもたらしてくれるからである（Greenberg & Goldman, 2008）。もし誰かに触れられることが気持ちをなだめる体験ではなかったら、人はそれに価値を見出さないだろう。もし障害を克服することが喜びや興奮の気持ちをもたらさなければ、努力をしないであろう。人間は何よりもまずポジティブな感情と「ネガティブ」ではない感情を感じようとするが、すべての感情はそれぞれ非常に機能的である。人は単に快感を求めるだけではなく、目標達成に向けて感情を自己調整している。外科医や兵士は何時間も不安と緊張に耐えるが、それは快感を得るためではなく、達成のプライドや、ひとつの命を救う満足感を得るためである。このような場合、快感を求めて痛みを避けることが主な動機づけとはならない。それよりも、特定の感情を感じることが適応的行動や生存に関わる行動を促進するからこそ、人は自分の感情を調整するのである。

EFTでは、人は感情調整するのと同様に、意味を見出すよう動機づけられているとみなす。人は意味の世界に生まれてくる。そして、絶え間なく意味を求めつづける。私たちが生きるための主な動機づけは、人生の意味を見出そうとする意志である。意味は与えられるのではなく、獲得されるものである。意味の創造は、苦しい体験を扱うときに中核的なものとなる。意味は良い気持ちや快感さえもたらす（Greenberg & Goldman, 2008）。したがって、人間の目標はただ「気持ちよくなる」ことから構成されるわけではない。時や状況に応じて徳や愛といったより高次の感情や、自由や正義といった価値観のために、人間はネガティブ感情を求め、痛みに耐え、怒りを受け入れ、自分自身を犠牲にすることがある。さらにどのような意味が形作られ、感情がどのように表出されるかということは、所属する文化からの影響を受ける。

感情理論

　EFTにおいて、感情は基本的に適応的だと考えられている。そして、情報処理の基本形態として、ウェルビーイングに関わる状況を迅速かつ自動的に評価し、要求を満たすのに適した行動傾向を生み出すものと考えられる。感情の助けを借りて、人は危険な音や視界や匂いのパターン、他者の意図が含まれる非言語的な信号を受け取って自動的に反応できる。これによって、数世紀にわたって種として生き残り、ひとりの個人としても数十年生きていくことができる。恐れが引き起こす逃走は安全をもたらし、嫌悪感は有害な侵入者を追い出し、悲しみは失った他者を思い起こさせる。新奇さ、快適さ、喪失、屈辱などを知らせる、環境内の手がかりとなる（一定の）刺激パターンに対して、人間は自動的に感情反応を示す。
　したがって、クライエントの感情は治療を進めるためのコンパスのような働きをし、何がクライエントにとって重要で、どのような要求が満たされているのか（または満たされていないのか）を、クライエントとセラピ

ストに示してくれる。EFT の主要な原則のひとつは、感情によって要求や願望、目標とそれに関わる行動傾向に接近できるということである。つまり、すべての感情には要求が含まれ、感情スキーマが活性化されると、要求の充足に向け行動は方向性を与えられる。クライエントが悲しみの感情を認めるときに、無意識レベルの処理が示しているのは、クライエントは自分にとって大切な何かを失い、癒しを必要としていて、おそらくつながりを求めて泣きたい状態にあるということである。対照的に、カップルセラピーにおいて、根底にある適応的な基本感情をパートナーに向かって表わすことは、もう一人のパートナーの自己観と感情に対する見方、そしてその表現を変化させるうえで非常に重要であり、負の相互作用を変化させる（Greenberg & Goldman, 2008）。

　感情は、思考とは大きく異なる脳内現象である。感情は、独自の神経科学的かつ生理学的な基盤を背景に、脳が語る特異な言語といえる。大脳辺縁系はすべての哺乳類がもつ脳の一部であり、基本的な感情反応を司っている。大脳辺縁系は、身体の生物学的プロセスの多くを司っているため、身体的健康、免疫システム、そして主要な内臓器官に影響を与える。LeDoux（1996）は、感情を生み出す 2 つの回路を特定した。1 つは、より短く速い扁桃体回路であり、緊急信号を自動的に脳と体に送り、直感的反応を引き起こす。もう 1 つは、より長く遅い大脳新皮質回路であり、思考を媒介して感情を生み出す。速く反応するほうが確実に適応的である状況もあるが、（感情を内省して）感情反応に認知を統合することでより適切に機能できる状況もある。

　大脳皮質が発達しつづけた結果、感情脳の適応的な知恵の一部に、新たな感情反応の仕方が加わることとなった。この新しい感情反応システムに用いられるのは、暗闇を恐れるといった遺伝的に継承されている感情反応だけではなく、父親のイライラした声を恐れるといった感情を喚起するものなど、個人が生活体験のなかで学習した手がかりも含まれる。このような生きられた感情体験による**感情記憶**と組織が感情スキーマを構成していく（Greenberg & Paivio, 1997；Greenberg, Rice & Elliot, 1993；Oatley, 1992）。

これらの内的な組織化、または言い換えると神経プログラムを通じて、ぼんやりと現われる影や心地よい身体接触のような遺伝的に継承された手がかりだけでなく、学習された危険や生活の質を向上させるような手がかりに対しても感情システムが自動的に反応する。これらの反応は素早く自動的である。

💬 感情スキーマ

　感情スキーマは、成人の感情反応システムの基盤である。感情スキーマは内的な感情記憶の構造体であり、感情、動機、認知、行動といった要素を統合している。そして、関連する手がかりに対しては、意識されないうちに急速に感情スキーマが活性化される。スキーマの特徴に合う刺激に対しては、一定のスキーマ群が活性化され、出力として体験と行動が生み出される。人生における重要な体験は、感情反応を喚起することで重要性が高まり、**感情スキーマ記憶**のなかに符号化される。感情スキーマは、状況がどのように解釈されたか、そして個人の感情がどのような影響を受けたか、その両方を表わす。これは語りの形を取り、ほとんどの場合は言語を伴わず、写実的なスクリプト（脚本）となる。したがって、母親の腕のなかで優しく抱きしめられた感情記憶や身体的虐待を受けた感情記憶は、何が起きてどのように感じたのかという手続き記憶として符号化される。スキーマは、始まりとなる手がかり（たとえば、触られること）から、始まりと中間と終わりのあるその瞬間の一連の体験まで広がりをもつ。したがって、感情反応と体験に対する生得的能力は、やがて内的な語りの構造を伴い、中核的な感情スキーマの自伝的記憶へと発展していく（Angus & Greenberg, 2012）。

　感情スキーマによる学習は、感情を柔軟で適応的な処理システムにするが、同時に感情を不適応的なものにする危険性も伴う。侵略者から距離を取ったり、自分の境界線が侵害されることに怒りを感じるだけではなく、上司からの批判を恐れたり、自尊心の侵害に怒りを感じることもある。こ

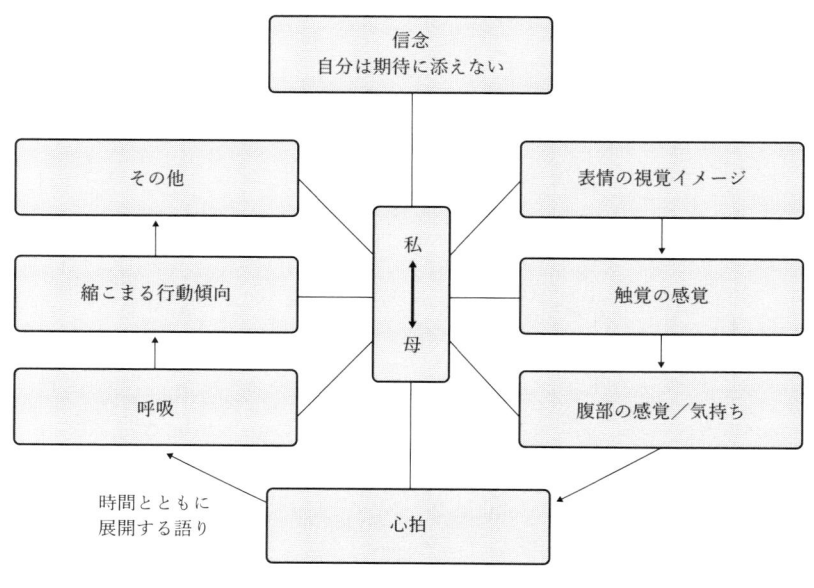

```
                    ┌─────────────┐
                    │    信念      │
                    │自分は期待に添えない│
                    └─────────────┘
                           │
   ┌──────┐                ▼              ┌──────────────┐
   │ その他 │◄─────      ┌────┐      ─────►│ 表情の視覚イメージ │
   └──────┘            │ 私  │             └──────────────┘
                       │ ↕  │
   ┌──────────┐        │ 母  │             ┌──────────┐
   │縮こまる行動傾向│◄─── └────┘      ────► │ 触覚の感覚 │
   └──────────┘                            └──────────┘

   ┌──────┐                                ┌──────────────┐
   │ 呼吸  │◄─────                   ─────►│腹部の感覚／気持ち│
   └──────┘                                └──────────────┘
                          ┌──────┐
   時間とともに        ───►│ 心拍  │◄───
   展開する語り            └──────┘
```

図3.1　感情スキーマ

こで重要な問題は、感情の動機づけとスキーマの活性化によって発動する基本的な処理形態は気づきの外で起こるが、それが意識的な処理に影響することである。この基本的な処理モードが活性化された場合にのみ、危険に備えて意識的な処理がより活発になり、危険性が最終的に言葉で象徴化され、対処法が生み出される。したがって、恐怖スキーマの活性化は、脅威への基礎的な処理モードを発動させる。そして、そこで生まれる感情とこの感情に関連する目標のために（恐怖の場合は安全という目標のために）、意識的な処理が機能することになる。感情スキーマの処理には言語的な構成要素が含まれることもあるが、大半は前言語的要素（身体感覚、視覚イメージ、匂いなどを含む）から構成される。そして感情スキーマは、要求、目標、関心事を満たそうとする。

　スキーマの発達は、個人に根づいた体験のあらすじを表わす、神経ネットワークの発達として考えると理解しやすい。図3.1がそのネットワーク

を示すものである。この図は失敗恐怖に関するスキーマであり、このスキーマは母親の期待に応えられなかった体験から形成されている。このスキーマには、ひきこもる行動傾向や、母親の表情の視覚イメージや、この体験にまつわる多様で言語によらない生物学的側面と感覚的側面も含まれる。時に「期待に応えられない」と言語で表わされる信念が含まれることもあるが、必ずしもそうとは限らない。ひとつの要素から別の要素へと矢印が引かれていることからわかるように、図全体は連続的に展開する。最も明確な治療的示唆は、最適な感情処理は、すべてのスキーマが活性化し、語りのスキーマの要素すべてに焦点が当たることにある、ということである。問題が生じるのは、すべての要素が意識外に締め出されたり、1つかそれ以上の要素が無視されているときで、そのとき個人の体験は一貫したやり方で十分に処理されなくなる。

　持続的な変化は、2つ以上のスキーマが統合されて、より高次のスキーマが形成されるときに起こる（Piaget & Inhelder, 1973）。発達段階では、対立するスキーマが同時に活性化されたとき、そこで共存できる要素が統合されて新しい高次のスキーマが生まれる。たとえば、1歳の子どもにとって「立つ」と「倒れる」という2つのスキーマは、弁証法的な統合のプロセスによって、より高次の「歩く」というスキーマに統合される（Greenberg & Pascual-Leone, 1995；J. Pascual-Leone, 1991）。同様に、異なる感情状態のスキーマも、新しいスキーマを形成するために新たに統合されうる。したがって、恐怖感情のスキーマ記憶と過去に受けた虐待からの退却に関するスキーマ記憶を、現在受けている侵害に対抗する怒りと統合することも可能である。これによって、退却よりも接近が動機づけられ、新しい自信と主張の感覚が生みだされることになる。

🍂 感情の生成

　図3.2のフロー図は、感情の生起プロセスを描いたものである。実際には複雑で非直線的かつ動的なプロセスであるが、それを簡潔に表現し

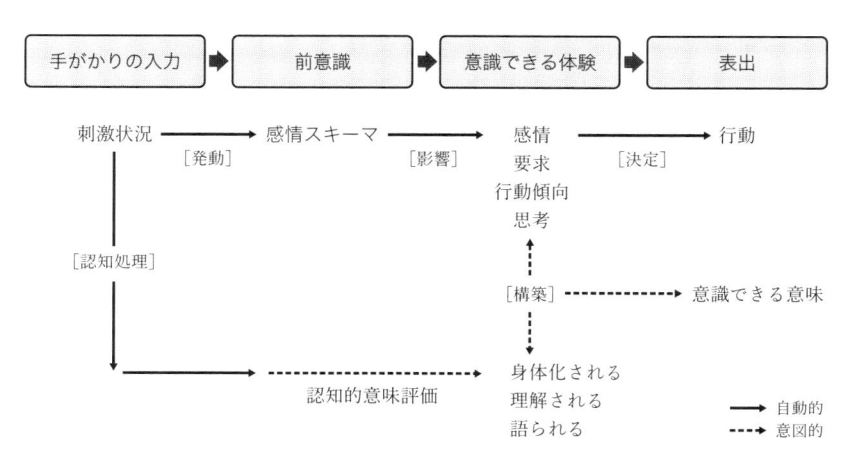

図 3.2　自己の弁証法的構造

たものである（より複雑で動的なプロセスを描写したものは Greenberg & Pascual-Leone（2001）参照）。この図の通り、スキーマの解発因となる手がかりによって、前意識的に注意を刺激に向けることで感情スキーマ（より正確にいえば、数多くのスキーマ）が活性化される。たとえば、不機嫌な表情や張り上げた声は恐怖スキーマを活性化する。さらに、いくつかの自動的な認知プロセスが個別に発生し、最終的には緩やかに方向性が決まっていき、言葉による意識的な評価を促す。それぞれのスキーマには、非言語的な語りで構築された感情、行動傾向、要求、認知という基礎的な構成要素が含まれる。他者を脅威として体験すると、身体は緊張して逃走の準備を始め、自己への否定的な認知が出現する。恐怖が喚起される場合恐怖と関連する活性化したスキーマ（群）に注意が向けられ、その一部が言葉で象徴化されると、今度は意識される感情、関心や願望、行動傾向、思考が引き起こされる。それらが組み合わされると回避行動が引き起こされる。

　このモデルで、感情は言語に依拠した認知的評価によって生成されるのではない、という点に注目してほしい。むしろ、感情を生成するスキーマを発動させるのは、ある種自動的に起こるパターンの照合によると捉えら

れる。この考えによれば、意味の評価は 2 つの水準で起こる。1 つの水準は、ある評価が当てはまるかどうかといった、感情スキーマの内的な特徴に合致するパターンをすばやく評価する段階である。これはたとえば、より意識的に行なわれる明示的な意味の認知的評価（私は怒られていて危機的な状態だ）というよりも、相手が不機嫌な顔をしているかどうか、その表情が不機嫌な顔一般とマッチしているか、自動的に評価している段階である。もう 1 つの水準は、自動的というよりも意図的な認知プロセスによるものである。言葉によって意味を認知的に捉える水準は、感情スキーマの体験的な水準からの影響を受け、同時に相互作用する。しかし、感情スキーマの活性化が情報処理の基本形態を与え、特定の感情を基盤としたスクリプト（たとえば、探求、安全、親密さ、境界の保護など）から行動を導き、さらに期待も思考に影響を与える。感情スキーマ自体は、直接的に意識して利用できるものではなく、生み出される体験を通じて間接的にしか接触できない。EFT ではスキーマを活性化するよう働きかけ、その出力を言葉で明確に表わし、その体験を深めて内省することで、新しい意味を創造していく（Greenberg, 2002 ; Greenberg & Safran, 1987）。

　このように感情スキーマは、体験を潜在的かつ高度に整理した構造体である。それは、個人が生きるうえで重ねてきた感情体験の影響を受ける、生物学的な感情反応に基づいている。感情スキーマの記憶システムは、自己組織化を中心になって促す触媒である。自信や落ち着きや安全といった健康的な状態だけではなく、不安、安全のなさ、恥に基づく無価値感、孤独な見捨てられ感といった不健康な自己組織化も、感情スキーマを生成させる。感情スキーマとそれが引き起こす活性化が、EFT の最終的な介入の対象である。

🍂 感情の種類

　すべての感情が同じ機能をもつわけではない。介入の指針を立てるうえで、さまざまな種類の感情体験と感情表出を区別しておくことは理論的に

も臨床的にも非常に重要である。本節では4種類の感情体験について説明する。

　正常な感情の機能は、複雑な状況の情報をすばやく処理し、自分自身にその反応を伝えて、適切な行動が取れるように準備させることにある。これは、感情がその瞬間の状況と一致した場合の直接的な反応であり、このとき感情は人間が適切に行動できるように働きかける。これは**一次適応感情反応**（primary adaptive emotion responses）と呼ばれる。たとえば、「子どもに危害を加えてやる」と誰かに脅される場合を考えてみよう。このとき、怒りはその脅威を取り除くために自己主張的な（必要があれば攻撃的な）行動を取ることを助けるため、ここでは適応的な感情反応となる。**恐怖**は危険に対する適応的な感情反応で、その場でじっと観察したり、必要であれば逃げたりすることで、危険を避けて減らす行動を促す。恥は、その場にふさわしくない行動をしていることや、他者から非難や拒絶をされる危険性があることを知らせてくれる。恥は、社会的な立場や関係性を守るために、何かを改善したり隠したりするように人を動機づける。このようなすばやく自動的な反応は、私たちの祖先が生き残るのを助けてきた。このような反応は積極的に用いられるべきである。しかし、すべての感情が機能的であったり、状況に即しているわけではない。以下に述べる3種類の感情は、一般的には機能不全の感情である。

　一次不適応感情（maladaptive primary emotions）も状況に対する直接的な反応であるが、感情を引き起こす状況に対して建設的な対処をする助けにはならず、むしろ効果的な機能を妨げるものである。一般的にこの感情反応は、過去の外傷的体験によって過剰学習をした結果生まれた反応と関連することが多い。たとえば、一般的に心理面での脆弱性があるクライエントは成長過程において、他者と親密になると身体的虐待もしくは性的虐待につながると学習してきたかもしれない。そのためそういったクライエントは、思いやりや親密さには暴力が潜んでいると受け取り、怒りや拒絶という反応を自動的に示すであろう（これについては機能不全に関する節でさらに論じる）。

二次的反応感情（secondary reactive emotions）は、一次的な反応に続いて生じる傾向にある（すなわち二次的になる）。人間は、はじめに起こる自身の一次適応感情に対して感情的に反応することが多く、そうすると一次適応感情は二次感情に置き換えられる。この「反応に対する反応」は、当初の感情を覆い隠したり変質させたりするため、この場合も置かれた状況に対して十分に適切とはいえない行動を導く。たとえば、思いがけず拒絶されて悲しみや恐怖を感じはじめた男性の例を考えてみよう。怒ることが機能的もしくは適応的でない場合でも、拒絶に対する怒り（自己よりも外側に焦点）や、恐怖を感じている自分に対する怒り（自己に焦点）を感じるかもしれない。多くの二次感情は、痛みを伴う一次感情をうやむやにして自分を守ろうとする。その他の二次感情は、一次感情への感情反応である。もし、その男性が恐怖を感じることを恥ずかしいと感じていたら、彼は**二次的な恥**を体験していることになる。人間は、怒りに対して恐怖や罪悪感を、悲しみに対して恥を、あるいは不安に対して悲しみを覚えることがある。二次感情は、思考を媒介とした反応でもある。つまり、ある感情は思考に対して二次的に発生する（たとえば、拒絶されると予想して不安になる）。思考に対して二次的に発生する感情もあるが、これが症状となる感情であり、おそらく思考それ自体は拒絶に対する恐怖という不適応感情スキーマによる一次的なプロセス処理モードから生じている、という点に注意を払うことが重要である。思考が感情を生み出すこともあるが、すべての感情が思考から生み出されるわけではない。

道具感情（instrumental emotions）は、他者に影響を与えたり、他者を操作するために表わされる感情である。たとえば、嘘泣きは援助を引き出すために、怒りは相手を支配するために表わされるかもしれない。恥は、社会的に適切な反応をしていることを示すために意図的に表わされることもあれば、癖になっていて自動的に反応することも、十分な認識なく反応することもある。いずれの場合も、その感情を表わすことで、その感情の内的体験を喚起することが多くあるが、感情表出はその状況に対する個人の当初の感情反応とは異なっている。これらの感情は、**操作的感情または偽**

装感情と呼ばれる。

自己機能の弁証法的構築主義モデル――生物学と文化の統合

　人間の脳の構造は、2つの重要な心理過程を生じさせると考えられている。その1つは、感情をもつ能力であり、もう1つは、それについて内省する能力である。このため、人間は2つの主要な評価を行なう。最初の評価は、私たちの感情システムによって、気づきの外で言語を介さずに自動的になされる。この評価は、自分にとって物事が良いか悪いかということを伝えてくれるものであり、関連性、新奇性、脅威、侵害、喪失、有害な侵入、目標達成のような基本的な評価（appraisal）に基づいている。この評価は、生物としての人間（有機体）の知恵の基礎となり、Rogers（1959）が論じた成長過程を導く有機体の価値付けプロセスの基礎となる。そして、ほとんどの場合、私たちは言葉を通して、最初の評価のアウトプット（出力）を意識上で振り返る二次的評価を行なう。要するに私たちは、最初の評価によって示された方向へ進むことが可能か、またそうすべきかを評価する。そして、自分の基本的な感情が信頼できるのか、自分の行動を導いてくれるものとして頼ってよいのか、そして自分が望んでいることを本当に求めたいのか、ということを見定める。私たちが関与し、主体性や選択が存在するのは、この第二の水準の評価である（Taylor, 1990）。

　自己の弁証法的構築に関わる要素を図3.3に示した。この図のように、2つの主要な流れが意識的体験へと入り込む。1つは、内側から起こり、生物学的基礎をもち、本質的に情動的なものである。もう1つは、外側から起こり、言語に基礎をもち、本質的に文化的なものである。2つの流れは、意味を構築するための対話プロセスのなかで、つねに他者や環境と相互作用している。内的な情動の流れは、個人の自己組織化の基底となる基本的要素を提供する。この水準は、時間の経過とともに文化的実践（たとえば、文化内に定められた子育ての仕方など）や学習や経験の影響を受け、

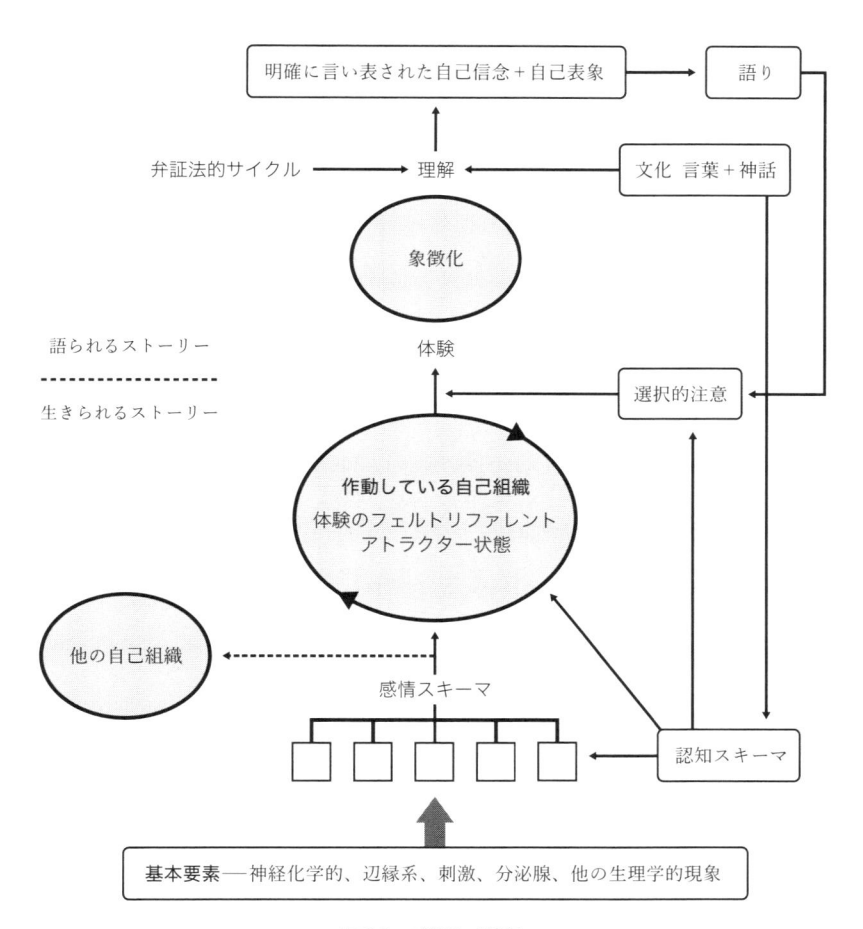

図3.3　感情生成過程

個々の状況において体験された感情に基づくスキーマにまとめられていく。これらの感情スキーマは、体験を生成する主要な装置となる。この感情スキーマは自己組織に組み込まれ、個人がそれに注意を向けるとき、意識上の体験になる。体験が言葉で象徴化されると、この意識上での弁証法的な心理プロセスによって理解が作り出され、その理解は信念、自己表象、語りを形成し、今度はそれらが注意を導くようになる。このプロセス全体が、

私たちが実際に経験したストーリーから、語られるストーリーを形作るのである。

　ただし、体験と行為は単一の感情スキーマによって生成されるわけでもなければ、単一の水準の処理によって生成されるわけでもないことに注意してほしい。図3.3に示したように、体験や行為は、むしろ、同時に活性化されるいくつかの**スキーマ**が、暗黙のうちに統合されることによって生成される。それは、あたかもスキーマが議員に相当する議会のようなもので、この議会では各スキーマが動的な自己組織化のプロセスのなかで投票権をもっており、スキーマの大多数が投票した方向性によって個人がどのような体制になるのかが決まる。したがって、睡眠の質によって作り出される気分、朝の家族とのやりとりの快適さ、通勤時の交通渋滞の激しさはすべて、個人が職場で遭遇する困難な状況へどう反応するのか（例―いらだって反応する、落ち着いて反応する）という投票に影響を与える。このように、スキーマは個別に作用し反応を作り出すわけではない。むしろ、いくつかのスキーマが合成されて、ある状況に対する反応を作り出す。その際には、注意や実行機能などといった他の心理操作の助けを借りて、特定のスキーマの適用を強めたり、中断したりする（Greenberg & Pascual-Leone, 1995, 2001 ; J. Pascual-Leone, 1991）。職場での困難な状況に対応しているときの感じ方にどのように注意を向けているのか、自身の反応の理由とその結果をどのように理解するのか、それらはすべてが、その個人の最終的な体験、その状況の解釈、反応に影響を与える。

　個人はいつでも、いくつかの感情スキーマを同時に活性化しており、それらは暗黙のうちに弁証法的に総合されることによって、自信がある、不安だ、無価値だ、怒っている、悲しい、恥ずかしいと感じるような自己組織のいくつもの可能性のなかのひとつへと組織化される。これは、瞬間瞬間に変わるプロセスでもある。この暗黙裏に起こる組織化は、「何かが起こっている感じ」を引き起こす。それは、その状況において身体的に感じられた自己感覚であり、内臓感覚である。この暗黙裏の感情に注意が向けられ、それが明示的に象徴化され、その感覚の全体を感じ取ることができ、

体験とぴったり合う一貫した意味を作り出せたときに、意識上の体験が起こる。EFT において、自己は動的なシステムであり、数多くの構成要素の弁証法的な相互作用から現われる複数のプロセス、複数の水準から編成されるものとみなされる。このような弁証法的構築主義の見解では、この総合が異なる水準や側面の心理的処理プロセスに一貫性を与え、人間の知を最も適切に説明すると考える。

EFT のセラピストは、つねに起こりつつある瞬間瞬間の暗黙裏の体験と、その基本的な体験プロセスを解釈し、整理し、その意味を作り出す高次の明示的な内省プロセスのあいだの弁証法的作用を扱う。体験を言葉としてはっきり言い表わし、それを組織化し、整理することによって、一貫した意味の通る語りにすることは、理性と感情、つまり頭と心の統合に関わる主要な処理プロセスのひとつである（Greenberg & Pascual-Leone, 1995, 2001）。最終的には、私たちの在り方を構成するのは、暗黙裏のシステムと明示的なシステムの相互コミュニケーションである。感情は私たちを動かすが、もう一方で私たちは生きながら意味を求める。

この構築主義的な理論的視点によれば、私たちは自らの知覚によってつくった世界に生きており、知ることはつねに現実を直接的に知るのではなく、むしろ現実を構成し、それに少しずつ近づくことを意味する。この構築主義的な見方は、人が何かを知るということの本質を表わしている。加えて弁証法的構築主義の弁証法的な側面は、脳が食い違った情報を系統的に評価し、矛盾を解決し、一貫した全体性をつくろうとするプロセスを指す。

現実の制約は人の解釈を制限し、人が作り出す意味に影響を与えるが、弁証法的構築主義は、人が現実の制約をどのようにひとつの首尾一貫した意味へとまとめるかということが、その人が何を知ることになるのかに影響すると考える。弁証法的構築主義は、相対主義（何でもあり）と現実主義（事実以外は認めない）の中間で舵を取り、複数の異なる説明が説得力をもち妥当であると捉えるが、すべての解釈がデータと同じようにぴったり合うわけではないと考える。人は、自分が生きる世界、自分の在り方、そしてその瞬間に感じることを、発見すると同時に作り出す。そして、私

たちの自己理解は、自分が何を感じているのかを知ることで変化する。

　セラピーでは、新たな意味を作り出すために、体験を発見することと体験を作り出すことを組み合わせた作業をする。旅から戻り、時差ぼけで元気がないクライエントは、この状態を「時差ぼけだ」「疲れた」「エネルギーを使い果たした」「落ち込んだ」「絶望した」「希望がない」「自殺したい」というような言葉で象徴化するかもしれない。これらの象徴化はどれもある程度、この身体に感じられたエネルギーの欠乏体験と合っている。そのため、この状態を「幸せ」または「怒っている」と呼ぶよりも、はるかにこの状態に合った象徴化だと言えるだろう。体験にどのような言葉が付されるかということが、クライエントの体験の次の瞬間とそれに続く語りに影響を与えるのは明らかである。身体に起こる体験は、それがどのように理解されるのかということを制限し影響を与えるが、人が自身の体験にどのような意味を与えるのかということもまた、その人の在り方を形作る。この発見と創造が組み合わされたプロセスによって、人はその次の瞬間に実体化する自己を決定する。言葉による象徴化は、体験を表象し、同時に、その体験の在り方を形作るのを助ける。さらに、その体験をより深く内省することによって、私たちは、自分が感じたことの意味を語りとして理解する。したがって、もしある体験に「エネルギーを使い果たした」という言葉をつければ、その体験が、ひどい時差、働きすぎ、または夫婦間のもめごとによって引き起こされたと理解するだろう。そして、その説明は、個人がその体験を理解するための語りの基礎を作り出すだろう。自分や他者に対してどのように体験を説明するかということが、語りの意味を作り出すのである。

💬 気づかれない感情の問題

　人は、それまで気づいていない感情にどのようにして気づくことができるようになるのだろうか。この問題は、構築主義的な理論的見解が体系化されるまでは、以下のように説明されていた。たとえば誰かが「自分は

怒っていたけどそれに気づいていなかった」と言うような状況があったとしよう。フロイト派の心理学者は、この人の怒りは抑圧されていたが、意識への障壁が取り除かれたため、その怒りを思い出したのだと言うだろう。Rogers（1959）の自己不一致理論によると、その個人の有機体としての体験は怒りであるが、自己概念には怒りとして認められなかったということになる。しかし、Rogersは、この点に関して一貫性を欠いていた。というのも、その理論概説の後半（Rogers, 1959）では、ひとつの真の自己が発見されるのではなく、つねに変わりつつある自己を仮定しており、クライエントには今ここで体験されていない感情があるとセラピストが想定することはできない、と主張したからである。精神分析から派生した初期のゲシュタルト療法の理論では、感情は否認されると仮定したため、この怒りはすでにそこにあり発見されるのを待っていたことになる。のちのゲシュタルト療法の理論は、場の理論という特色があるため、感情はその瞬間に発生すると考えるようになったが、感情が生まれるプロセスについては説明しなかった。Gendlinの見解（1996）は、人は怒りが起こり始める状態で行き詰まってはいるが、その怒りは今まさに体験され、表わされているのだと提唱することによって、否認と自己一致の見解に変化をもたらした。Gendlinによると、気づかないうちにつねに怒りがあったかどうかではなく、生起することを妨げられていた感情を「完了」することができるかどうかが、何よりも重要とされる。この見解では、有機体の現在の状態は未来の状態を「暗に示している」が、その未来の状態はまだ実現されていないのである。したがって、怒りの行動を暗に示す状態にいても、怒りを感じることは安全ではないのかもしれないし、そのために怒りをまったく感じられないのかもしれない。その怒りは、遮断・妨害され、まだ完了していないのである。その人は行き詰まっており、体験プロセスは（Gendlinの言葉を使うと）推進しない。たとえば、もし、暗に怒りを抱えている男性が、妻との問題に関するフェルトセンスの全体を感じて、そこにとどまるための時間を十分に取ったら、自分の胃のなかにあるぎゅっと絞られるような感じに気づくかもしれない。彼の身体は、その状況に対して非常に

はっきりと反応しており、彼は身体的に何かを感じ取ると、これを捉える試みを始め、それをさらに進めて、自分が怒っているということに気づくことができる。

　EFTでは、怒りが遮断・妨害されており、今になってやっとその怒りに気づいた、とは説明しない。また、言語によってはっきりと表わされる以前から「その怒り」がすでに存在していたかのように、特定の単語のみがその怒りに「ぴったり合う」とも主張しない。むしろ、EFTの理論は、主体をより強調する構築主義的見解を取る。つまり、怒りは、すでに存在する構成要素から今まさに構築されようとしているが、（ある人により）首尾一貫した形で組織化されたり構成されたりしていない、とみなす。EFTでは、妨害されている怒りに気づくというよりも、体験の構成要素は首尾一貫したひとつの全体へと組織化されるプロセスにあると考える。

　EFTの見解では、怒りの体験とその表出を支える身体反応が活性化されていても、それは怒りを暗示するわけでもなければ、そのような身体反応が遮られているのでもなく、むしろそれらの身体反応が一貫した形で組織化されていなかったために、怒りとして体験されていなかったとみなす。例を挙げよう。ある女性クライエントは、自分のパートナーに出て行かれてしまったことについて面接で話していた。彼女は、身体的なフェルトセンスを「捨てられた感じ、ゴミの山に放り投げられたような感じです」と象徴化した。この感じは、彼女の象徴化によって作り出されており、遮られていない。この身体的な感覚は、異なるさまざまなやり方で象徴化できたであろう。彼女の象徴化の仕方は、積極的な組織化である。ほかには、「別に気にしない」から「どうしようもなくひとりぼっち」まで、さまざまな象徴化の仕方があっただろう。これらの意味はすべて、今ある状況において多かれ少なかれ首尾一貫した自己感を形作るだろうが、「幸せだ」とか「楽しい」という表現は同様の感覚をつくることができないだろう。EFTは、Gendlinが主張する以上に、人は組織化する主体として能動的であると主張する。雲の形は、見方によって魚にも顔にもなる。同じように身体的なフェルトセンスも今まさに生成されつつある姿へと形作られる。EFT

のセラピストは、魚や顔はその雲によって暗に示されるのではないと主張する。身体的に体験されたフェルトセンス自体はそこにあるが、感情はそれが組織化されたものになり、象徴化は、多かれ少なかれ、今そこにあるものに一致する。

　EFTの弁証法的見解では、人は自分の感情の意味を作り出す絶え間ないプロセスを生きていると考える。私たちには、生得的な情動反応が生物学的に備わっているが、他方、文化のなかで、そして自分が生きてきた歴史を通して、生得的な情動反応のレパートリーを築き、発展させていく。その結果、私たちは、適応的な生得的反応によって感情的に反応するが、その個人の生き様を反映する社会的に作り上げられた複雑な感情によっても反応する。さらに、生物学と文化は時にぶつかるが、EFTではこの2つを根源的に対立関係にあるとは考えない。そのため、体験と社会的統制との衝突が機能不全の主流とはみなされない。むしろ、生物学と文化は、両方とも弁証法的総合に必要な流れとされ、人は、内的なものと外的なもの、生物学的なものと社会的なもの、感情的なものと理性的なものをうまく統合することによって、最も効果的に生きることができる。

　人はつねに統合を続けることによって、自己組織化のプロセスの一貫性を維持しようと努める動的なシステムとみなされる。人は成長するにしたがって、体験を統合し、不一致を調整することによって、複雑性と一貫性が増していく。成長はそれ自体が弁証法的で、対話的なものである。この見解では、内的体験に焦点を当てることは不足しがちであるため、その必要性を強調する。しかし、だからといって、現実の構築において、象徴化、内省、語りの形成という意味生成のプロセスよりも、内的体験を感じたりそれに注意を向けたりするプロセスが優位であると考えるわけではない。また、この現実の構築プロセスにおいて、他者との接触や場の影響よりも、内的体験を重視するわけでもない。むしろ、すべての要素、つまり神経科学と生理学、感情と認知、内と外、生物と社会を弁証法的に総合することが、意味を創造するうえで必要不可欠なプロセスであるとみなす。つまり、文化、体験、生物学は、どれも等しく重要な役割を担っている。しかし、こ

の見解では、長い間十分に扱われてこなかった内的な感情プロセスが人間機能の重要な一側面であることを、あらためて強調している。

🔴 自己プロセスの特徴

　本節では、自己プロセスの異なる側面を描写する。自己は、つねに生起しつつある現象であり、構造ではなくプロセスである（Elliott, Watson, Goldman & Greenberg, 2004 ; Greenberg, 2002 ; Greenberg & Pascual-Leone, 1995）。そのため、変化は必ず起こり、自己は、内外の影響が総合された結果としてその瞬間に現われる。さらに、ひとつの重要な役割を果たす自己、または単一の支配的な「私」が頂点に立つような恒久的で階層的な組織体は存在しない。そうではなく、その時々において、複数の異なる声または異なる側面が並列的に作用し、あるひとつの状況において、そして時間を超えて（記憶を介して）、感情体験の異なる諸側面を統合することによって、一貫性と統一性の感覚を作り出している。

　機能をプロセスとして眺めるとき、安定性は、複数の構成要素から同じ状態が繰り返し構成されることから生まれるとみなされる。人は、特徴的な自己組織化を中心として安定すると言えるだろう。特徴的な自己組織化とは、その人特有の感情と認知の布置であり、つねに新たに構成される。このように個人をある状態へと収束させるアトラクターの状態は、その個人にパーソナリティ特徴を与える特徴的な組織化であり、パーソナリティのより恒常的な諸側面に寄与している。自己組織または内的状態は、構成と再構成を繰り返す（Greenberg & Pascual-Leone, 1995, 1997, 2001 ; Whelton & Greenberg, 2001）。では、なぜ安定した自己構造と人格特性のような特徴（たとえば、不安が優勢な人など）が現われるのだろうか。それは、人がある状況に接すると、動的な総合プロセスにおいてある状態がアトラクターとして作用し、同じ基本的な構成要素から安定した状態が規則的に作り出されるからである。

　弁証法的構築主義の理論的視点からは、ひとつの真の自己というような

ものはないが、「真の自己体験（the self-experience）」は存在する。主観的に体験していることが偽りなく本物であり、深く、真実であるとクライエントが心の深いところで感じる瞬間がある。その体験がはじめて起こったとしても、真の自己体験と意味づけられる。そのときクライエントは「やっと自分になれた」とか「本当の自分を見つけた」というような表現を使う。

　さらに、ここに描写するような複数の水準からなる総合化システムによって、私たちはいつも現時点で体験する以上のことを知覚でき、現時点で注意を向ける以上のことを体験できる。潜在する体験の新たな集合体は、つねに意識上で説明が可能な状態にある。このように体験プロセスは、感覚、スキーマ、そして概念水準の動的で潜在的な処理操作によって作り出される。そしてこれらは相互に関連する要素をまとめることによって、図と地の要素をもつゲシュタルトへと統合されていく。体験プロセスを象徴化することは、単に表象のプロセスではなく構築のプロセスであり、それはつねに限定された不完全なものである。どんな構築においても潜在的な情報のすべてが使われるわけではない。私たちは、そこにまだあるものを探索し、いつでもそれを新たなやり方で組み立て直すことができる。意識上の明示的な知識は、さまざまな要素とぴったりと適合し、意味を成し、各要素を一貫した意味の通る全体へと統合するものでなければならない。したがって、単純で直線的なひとつの原因を人間の体験に帰することはできない。葉巻を吸うのには、いろいろな理由がある。たとえば、快感、薫り、イメージ、社会的慣習、生理的効果、それから男根象徴のような葉巻から起こりうる連想などである。そのうちどれかひとつの動機がなくなっても、まだ私たちはその葉巻を吸うだろう。なぜなら、行動は多面的かつ複合的に決定されるからである。

　人は、自己のさまざまな部分や側面から編成された集合体であり、複雑で、つねに変化する存在とみなされる。これらの自己の諸側面または「複数の声」は相互作用し、体験と行為を作り出す（Greenberg & Pascual-Leone, 1995, 1997, 2001 ; Whelton & Greenberg, 2011）。いつでも人は、「傷つきやすい」とか「穏やかな」といったひとつの状態になることもあれば、2つ

以上の「声」によってより複雑な状態になることもある。たとえば、子どもが虐待する父親を愛すると同時に恐れているときや、自分の結婚相手を愛すると同時に憎悪しているときである。複数の声をもつ自己という視点からみると、臨床実践において、自己の異なる部分間の関係性や、「主体としての私」と自己体験の異なる諸側面との関係性に取り組むことがいかに重要かがわかる。「**私は**怒っているか怖がっている（I am angry or afraid）」と言うのと「怒っているか怖がっている**自分もいる**（part of me is angry or afraid）」と言うのとでは体験的に異なる。外的な体験はあくまで部分的なもので全体ではない、というスタンスを取ることで、その感情を受け入れやすくなる。たとえば、恥を自分の一部として認めれば、私そのものがすべて恥ずかしいと考えるよりも、その恥に耐えやすくなる。親を愛している気持ちがあると認められれば、親のことが嫌いだという気持ちを認めることが容易になる。また、批判的な部分、妨害されていたり妨害している部分などと完全に同一視するのではなく、そのような部分はこれから知ることもできるし関わっていくこともできる自分の一側面だと考えると、より多くの自分の側面を知っていくことができるだろう。体験の諸側面を自己の一部とみなすことは、EFT における変容の重要な一側面である。それは複数の選択肢があることを意味する。というのも、恐怖、無価値感、愛されていないという感覚は、自分のほんの一部分にすぎないからである。

機能不全の見解

　EFT 理論では、機能不全がただひとつのメカニズムから起こるとはみない。むしろ、機能不全は、気づきの欠如、内的状態の回避、感情調整の失敗、トラウマによる学習または発達的欠陥に基づく不適応的な反応、自尊心の傷つき（恥）に対する防衛、内的葛藤、そして意味を見出すことへの妨害など、数多くの経路から起こると考えられている。EFT は、Rogers による自己不一致理論、Gendlin の妨害されたプロセスの見解、ゲシュタル

ト療法の未完了の体験、実存療法理論における意味の喪失、学習理論のトラウマ学習、精神力動療法理論における発達的欠陥など、機能不全に関する既存の理論を取り入れるが、それらを一貫して構築主義的観点から再解釈している。

　EFT は、機能不全に関して現象学に基づく見解を取る。そして EFT のセラピストは、クライエントの現在の体験を扱うことで、クライエントの問題の根底にある決定要因と持続要因を同定しようと試みる。EFT のセラピストは、その個人の診断、つまり精神障害の診断よりも、面接中のクライエントの状態のプロセス診断を重視する。今では、さまざまな感情的困難によって、異なる機能不全が起きることがわかってきている。クライエントのみせる感情的困難はすべて感情を基盤としているため、治療の焦点はそのうちのひとつか複数に当てられる。以下では、感情の気づきの欠如、不適応的な感情反応、感情調整不全、語りの構成と実存的意味の問題という4つの主要な感情処理の困難について解説する。

💬 気づきの欠如

　広く認められている機能不全の第一発生因は、身体では感じているのに、その体験を意識上において象徴化できないでいることにある。感情を扱うスキルが欠けていたり、感情の否認や回避のために感情を受け入れることができないでいると、適応に役立つ重要な情報を得ることが困難になる。これは、クライエントの多くに共通してみられる問題である。たとえば、あるクライエントは身体の緊張が高まりつつあることに気づいていなかったり、その意味を理解できず、その緊張を憤りとして象徴化できないでいるかもしれない。感情を正しく言い当てることができないアレキシサイミアは、その最も極端な例であるが、この気づきの欠如は、境界性パーソナリティ障害においてみられる。感情と内的体験の回避、またはそれに言葉を当てられないことは、不安とうつの主要な原因となりうる。力を与える怒りに接触できないことや悲嘆のプロセスが妨げられることは、うつの原

因となる場合が多い。もう一方で、全般性不安障害における心配は、恥や恐怖といったより一次的な感情への防衛となる。別のよくある困難は、怒りが恐怖を隠すことが特徴的だが、ほかの感情反応によってその人の最も適応的な感情反応がぼやかされてしまうことである。

　EFTでは、一次的体験を回避または否認するために、そして特定の体験を現在の自己組織へと統合できなくなるために機能不全が起こる、ということを中心的な前提としている。しかし、必ずしも、自己に受け入れられないものは意識から追放することによって処理される（抑圧）、と考えるわけではない。むしろ、それが自己の一部として体験されないと考える。これは、体験が抑圧されたり否認されたりするというよりも、体験が気づきのなかで象徴化されないということである。つまり、この体験は自分のものではないと放棄されている。この機能不全は、自分がそれを感じていることを知らないからではなく、怒り、悲しみ、恥、恐怖といった身体的体験をもてないことによって起こる。したがって、自身の一次適応的感情反応を再び自分のものとして認め、再所有し、放棄された感情や苦痛を伴う感情を再度処理する必要がある。

　EFTでは、放棄された感情が必ずしも精神病理に結びつくとは考えない。体験されなかった感情は、適応的な怒りまたは健康的な悲しみとなる場合もあれば、不適応的な恐怖や恥となる場合もある。人とのつながりを求めたり、境界を守りたいという健全な要求は、不健全な恥またはトラウマと関わる恐怖と同じように放棄されやすい。機能不全は、健康的な成長志向の資源と要求を放棄し、とても受け容れられない体験を抑圧し、苦痛を伴う感情を回避することから生じる。セラピーにおいて鍵となる目標は、抑圧された内容を意識化することではなく、放棄された体験を再び自分のものとして、それが感じられるようにすることである。体験を再所有することで、この体験が既存の意味構造へと統合され、さらなる自己一貫性と統合性が作り出される。

🗨 不適応的な感情スキーマ

　不適応的な感情反応はさまざまな理由から派生する。生物学的な原因に加えて、多くの場合、侵害されたときの怒りや恥、脅威を覚えたときの恐怖、喪失における悲しみなどの生得的な感情反応を喚起する対人的場面において、不適応的な感情反応が学習される。虐待を受けた子どもは、人とのつながりは怖いものであるという連想を形成し、人との接触からひきこもるかもしれない。もし成長早期に、子どもの感情体験に対して、養育者がとても最適とは言えない反応を繰り返していると、健康でレジリエンスに支えられた感情スキーマとは対照的な、不適応的な中核的感情スキーマが発展する。発達過程にある自己は、自分自身の困難な感情と養育者の不適切な対応を通じて組織化される。

　幼少期の虐待では、安全と安心感を与えてくれるはずの養育者が、危険な存在となり、同時に恐怖と屈辱の源泉にもなる。養育者に守ってもらったり、自身の気持ちを鎮めてもらえないことで、子どもは耐えがたい不安と孤独の状態を体験する。その結果として病理的な恐怖と恥、そして憤怒が起こることもある。そして、自分のことを「愛されない」「悪い」「欠陥品」「無価値」「無力」と捉える空虚な自己感が形成される。そこで体験されるのは、二次的に起こる絶望感、無力感、希望のなさ、時には、自分が壊れてしまう感じ、バラバラになる感覚、そして自分の感情を調整できない感覚などである。かつては過去の不適応的な状況への対処に役立った一次適応的な恐怖などの感情は、もはや現状の対処法としては適応的でなくなってしまう。子どもの頃に虐待を受けた人は、自分を慰めてくれるはずの親密さに対しても、不適応的な恐怖を感じるようになることがある。

　あるいは、怒りを見せてはいけないという家族の鉄則が、無力感という不適応的な中核的感情スキーマの発達につながることもある。涙を見せたり、愛情を求めることを恥じれば、不適応的な中核的恥や、恥を基礎とする心理的退却や孤立感という不適応的な感情スキーマが形成されるようになることもある。このように、自己は感情体験を中心として組織化され、

困難な感情への対処に役立つ不適応的な中核的感情スキーマが形成される。そして、時間の経過とともに不適応的な中核的感情スキーマは、思春期に達する、転校する、引っ越す、拒絶される、愛する人を失う、性的暴行などのトラウマを体験する、といった感情を喚起する出来事や発達課題を通過するうちに、ますます困難なものになっていく。

　現在の状況が過去の反応を喚起するとき、現在の瞬間の新しさ、豊かさ、詳細は失われてしまう。そして、現在の機能は過去に支配され、現在に過去を背負わせる。これは不適応的であり、機能不全をもたらす。機能不全は、個人の脆弱で粗悪な自己組織が喚起されるか、これらが支配的な自己組織となることから起こる。このような自己組織化は、恥、恐怖、悲しみを基礎とする体験を喚起し、これらの感情に対する非機能的な対処法を必然的に伴う。「弱い自分」の中心には見捨てられることに対する恐怖や悲しみがあり、「だめな自分」の中心には恥がある。強い恥は、自分に欠陥があり、ないがしろにされているという評価に基づいており、何か失敗してしまったと感じると喚起される。また、対人関係における不和は、見捨てられたり孤立したりする恐怖と悲しみ、そして基本的不信感に対する不安につながる。回避や退却によってこれらの感情に非効果的に対処してしまうと、問題がさらに悪化する。うつや不安といった症状は、不信感、愛されない感じ、侮辱される感じ、身動きが取れない感じ、無力な感じなどが組み合わさった感覚が支配的になり、別の反応ができなくなるときに起こる。

　感情反応は後になって混乱を引き起こし、別の人生経験をしても変化しにくくなってしまう。それがどの程度なのかは、この感情反応がどのくらい発達早期に体験されたのか、どのくらい強いのか、そしてそれらを喚起する状況がどのくらい頻繁に起こるのかによって決まる。さらに、他の気質的ないし器質的要因は気分に影響し、さまざまな感情が活性化される閾値に影響する。生理的要因もその活性化に影響を与える。疲れているときやイライラしているときには、怒りが最も活性化されやすい。もし、過去にひどい扱いを受けてきた経験がある場合は、疲れているときやイライラしているときに過剰な怒りを表わしやすい。さらに、ネグレクト、侵害に

対する怒り、喪失における悲しみなどといった感情が過去に頻繁に体験され、しかもその強度が強いほど、同じような状況においてそれらの感情が活性化されやすくなる。したがって、たとえば成人には、配偶者が注意を向けてくれないと、愛情に乏しかった幼少期のネグレクトに関わる強烈な感情が喚起される場合があるだろう。このような感情は、現在の状況では不適応的な反応となる。

　感情スキーマの記憶構造は、近年研究が進んでいる記憶の再固定化（memory reconsolidation）のプロセスを通して最も変化する（Moscovitch & Nadel, 1997）。裏切りや見捨てられといった感情的苦痛を喚起する出来事は、感情反応を引き起こす。ある状況に対するこの感情反応は、感情スキーマの記憶を形成して記憶に「焼き付けられる」ことがなければ消えていく。感情が強く喚起されるほど、その喚起状況はより記憶にとどまり（McGaugh, 2000）、その出来事が終わってから長い時間がたってもその感情反応は何度も作り出される。このように、見捨てられ、裏切られた（またはそれらを思い起こさせるような何らかの）記憶は、悲しみ、または怒りと傷つきの感情反応を刺激する。

　感情スキーマの記憶構造の変化は、記憶の再固定化のプロセスを通して最も起こりやすい。古典的な記憶理論によると、学習の直後には記憶が不安定で流動的な期間が一定程度あり、十分な時間が経過すると記憶は恒久的なものに変わる。記憶が固定していく間なら、記憶の形成を妨害することが可能だが、この期間が過ぎると、記憶を修正したり記憶の喚起を抑制したりすることはできても、それを消去することはできないとされる。しかし、近年では、別の記憶理論への関心が新たに高まっている。この新たな見解とは、記憶が喚起されるとき、その根底にある記憶痕跡は再び流動的で不安定になり、もう一度固定する（**再固定**）期間が必要となるというものである。この再固定が起こる期間は、その記憶の定着を妨害する機会を与えられる。不適応的な感情スキーマ記憶が、不安障害やPTSDにおける恐怖、うつにおける恥や悲しみなどといった感情を引き起こす不適応的な感情につながることがある。このことを考えると、再固定を妨げること

によって以前に習得された感情スキーマ記憶の定着を和らげることは重要な臨床的意味をもつ。

Nader, Schafe & LeDoux（2000）の研究が、再固定化やそのプロセスが恐怖につながる役割についての新たな関心の口火を切った。その研究は、条件付けられた恐怖が、その記憶の再固定を妨害することによって消去されうることを示した。さらに、Hapback, Gomez, Hardt & Nadel（2007）は、再固定化が行なわれるとき、新たな入力があるともともとあった記憶を変えうること、そして新たな素材がもともとあった記憶に取り込まれて再固定されることを示した。これは、感情スキーマ記憶が新たな感情体験によって変容可能であることを示唆している。

💬 感情調整と調整不全

EFTの理論では、自らの感情を調整できないことはよくある機能不全の一形態であると捉える。問題は、感情が多すぎても少なすぎても起こる。感情調整の問題があると、人は強い苦痛を伴う感情に圧倒されてしまうか、逆に感情が麻痺し、感情を遠ざけてしまう。セラピーに来談するクライエントは、急性や慢性の感情システムの調整不足に関わる問題を抱えていることが多い。さらに、うつや不安といった症状、そして薬物乱用や摂食障害といった障害は、クライエントがそれらの症状の根底にある感情状態を不適応的に調整しようとした結果であるとも言える。したがって、健康的な感情調整のスキルを発達させることは、感情の発達の重要な一部となる。感情知能の一部は感情を調整できる能力にあり、それは感情に導かれても感情に駆り立てられないようにする能力である。感情反応を遅らせ、その感情が何かを知り、感情について内省できることは、まさに人間の証である。したがって、感情調整は主要な発達的治療課題である。

感情調整能力の一部は、子どもの感情的要求に応えることができる親やその他の養育者との早期の体験から育まれる（Schore, 1994 ; Sroufe, 1996）。もし両親が良い「感情コーチ」であれば、養育者は人の感情や親密さを育

むための機会であると認識し、子どもの感情を肯定して共感し、社会的に効果的な感情の表現方法や目標達成に子どもを導くだろう（Gottman, 1996 ; Greenberg, 2002）。Schore（1994）は、養育者の幼児に対する接し方が幼児の脳の成長と自己静穏の能力に与える影響を文献レビューから示した。安定した自己は、主に二者関係における感情調整を通して形成され、これがうまくいかないと不安定な自己感が発達する（cf. Fosha, 2000 ; Schore, 1994 ; Stern, 1995 ; Trevarthen, 2001）。

人は、乳幼児期には自分の親指をしゃぶって自分の気持ちをなだめることを身につけ、のちに恐怖を和らげるために暗闇で口笛を吹いたりする。感情調整の重要な一側面は、不安をなだめ、全体的に高まっている感情覚醒を調節し、適応的に機能できるようにすることにある。大人になるにつれ、人は不安を調整するためにリラクセーションや瞑想を学ぶかもしれない。怒りを調整するためには、深呼吸すること、落ち着くこと、10まで数えることを学ぶ。喜びでさえ、状況に合わせて表わすように調整することを学んでいく。感情調整は、人が感情に耐え、それに気づき、言葉にして表わし、感情を適応的に使うことによって、苦痛を調整し、要求を満たし目標へと近づく能力である。

情動神経科学は、右脳では情動調整が暗示的に起こり、左脳では認知調整が明示的に起こる可能性を実証的に示してきた（Schore, 2003）。無意識のすばやい感情処理は右脳によって媒介され、意識的で速度がより遅い順次的な処理は左脳によって媒介される傾向がある（Davidson, 2000a ; Markowitsch, 1998-1999）。感情的・社会的な自己調整を行なうためには、右脳を活性化させる必要が示唆される（Tucker, 1981）。動的システム論による感情調整の見解によると、感情調整の多くが右脳のプロセスを通して暗黙裏に起こっており、ここに言葉は介在しない。この処理作用はきわめて対人関係的であり、自動的に作り出される自己静穏、接触、表情、声の質、アイコンタクトを通した対人的調整の心理プロセスから最も直接的に影響を受ける。

主に自己統制の観点に立つ感情調整に関する支配的な見解（Beck, 1976 ;

Gross, 2002）によれば、1つのシステムが感情を生成し、それに続いてもう1つのシステムが感情を調整するとされるが、EFTはこの見解は取らない。EFTでは、感情調整は感情生成体験の一部とみなされる。感情調整は、感情生成に不可欠な一側面であり、その同一線上にある（Campos, Frankel & Camras, 2004）。この見解では、情動と認知のプロセスは、ひとつの動的なシステムとして作用し、相互に調整し合うが、このプロセスのほとんどは自動的に生じて、気づきの外で起こる。感情調整は、意識的なものでもあり自動的なものでもある。

　感情調整をどう捉えるかによって、治療も異なってくる。自己統制的な見解（self-control view）に示される感情調整の方略には、より高次の認知的な実行機能が関わっている。この見解では、意識的に考え方を変えたり、気を紛らわしたり、リラックスしたりするスキルを練習することによって、感情の感じ方を変えることができるとされる。さらに、過剰で妨害的な感情、または過剰で間違った感情を統制することが感情調整であるとみなすため、セラピーの役割はこれらの感情を統制することと捉えられる。臨床的作業では、機能不全は誤学習とスキルの欠陥から起こるとみなし、感情統制のスキルを教え、認知システムを変えることによって、望ましくない感情を修正することに焦点を当てる（Beck, 1976）。これは、感情を統制し抑えるためのアンガーマネジメントやスキルトレーニングといったアプローチを生んだ。

　EFTでは、感情調整について自己維持的な見解（self-maitenance view）を取り、認知システムは感情システムから情報を受け取って、感情システムに影響を与えるが、認知と行動を導くのは感情であるとみなす。感情システムは、他の感情や対人的愛着など、認知以外のプロセスによっても変容し調整される（Greenberg, 2002）。自己統制ではなく、自己維持と自己高揚が目標であり、関連する情動プロセスは、主に意識的な気づきに到達しない水準で起こると捉えられる。感情調整を感情生成の一側面としてみると、機能不全の多くは、感情の回避、抑圧、感情の気づきを意図的に遮断することによると考えられる。そこで臨床的作業では、感情に接近する対処や、

感情への耐性、感情の明確化に焦点を当てる。感情調整は、望ましい感情をちょうど良いタイミングで、かつ適応的な強さでもつことにあると考えられている。そのためセラピーのはじめのステップは、特定の感情を受容し、その体験を促進することになる。EFT では、それまで回避されてきた感情に接近し到達すること、そしてそれらに耐え、受容し、肯定し、理解することが、感情調整の最適な方法であると考える。

　洪水のように溢れる感情を危険なものとして体験すると、大きな精神的衝撃を受け、すべての感情を完全に回避しようとするようになる。また、感情の回避と麻痺がトラウマの後に起こることがあり、これはトラウマ後に生じる重要な問題のひとつである。感情的な覚醒が深刻になることで、その反対の問題が引き起こされることが多い。すなわち、感情を不適応的に抑えようとする問題が生じる。感情を完全に抑え込んだり、回避したり、または感情覚醒をとても低い水準に抑えようとすると、リバウンド効果によって感情の洪水のような感情調整不全に陥ることがある。さらに、感情が過度に統制されると、衝動的な行動を取るようになる。具体的には、過剰に厳しい自己統制を破り、暴飲暴食したり、衝動買いしたり、通常よりも性的満足をより頻繁に求めるようになる。

🔊 語りの構築と実存的意味の生成

　機能不全の一般的な源のひとつは、自分自身の体験の理解の仕方、そして自己、他者、世界を説明する語りから派生する。身体的体験に根ざしていない意味は、空虚なものとなる。語りを構成し、自分にとって最も大切なライフストーリーを理解して統合する能力は、適応的なアイデンティティの発達と、個性的で一貫した自己観を確立する鍵となる。トラウマの語りは苦痛を持続させる。語りに一貫性がないことは、自己組織化が混沌とした状態であることの表われであり、安定した自己感を構築できていない状態である。たとえば、侵害や喪失に関して問題のある語りは、目標を見つけたり、過去の出来事における自分の役割や他者の意図に関する理解

を再構築し、新たな意味を作り出したりすることによって、変えることができる。自己や他者について感情的に整理されて一貫した説明をして、それをはっきりと言い表わすことは修正感情体験のひとつである。そしてこの経験が、自己内省、主体性、そして新たな対人的な関わりを向上させ促進する。体験がどう説明されるかによって、その体験は影響を受ける。そして、こうした語りによる説明は、犠牲者・被害者として力を奪われるような一貫性を欠いたストーリーを、健康を促進する主体的で肯定的な成果を伴う一貫性の高いストーリーへと変容させる。

クライエントは意味と存在の問題を抱えてセラピーにやってくる。そしてクライエントは、自分の存在が危ぶまれる可能性を防衛して、気づかないようにすることから不安になり、結果的に機能不全が起こる。このように機能不全は、本来性（authenticity）の欠如と体験からの疎外、そしてその結果として生じる存在の不安から派生する意味の欠如にその原因がある（存在論的不安）。自身の生の意味を見いだすことは、健康的な生き方の鍵となる一面であり、意味は、死、喪失、自由、孤立といった実存的問題に対処するための術となる。

結論

感情は、ウェルビーイングにとって何が重要なのかを識別し、人に適応的な行動を取る準備をさせる。また、感情は体験を調整し、それに方向性を与え、何が重要なのかを教えてくれる。何が重要なのかを知ることによって、取るべき行動や自分のあり方がわかる。さらに、感情は生物学的に適応的なシステムであると考えると、有機体の価値付けのプロセス（「身体の知恵」）に関する科学的根拠が示される。このシステムは、ウェルビーイングとの関連から状況を評価することによって作動し、体験を導いていく機能を果たす。成長傾向は、別々の要素を弁証法的に調和させる動的システムのプロセスとして機能する。そして、活性化された要素を包括的か

つ首尾一貫した形で総合する。この弁証法的なプロセスは、生物学的に適応的な基本的感情システムと、物事の意味を見いだす人間の象徴化能力や動因を通して作用し、自己の生存、維持、高揚という目標に寄与する。人という有機体は、あらゆる学習、体験、相互作用に影響を受け、ひとつの方向性をつねに作り出している。

　動的システム論の見解では、従来の理論よりも、現実を構築するうえで感情がより重要な役割を担うと考える。感情体験は、基本的に健康的な資源であり、健康的で適応的な情報を与える。しかし、場合によっては生物学的に適応的な源泉であっても、学習や過去の体験を通して不適応的なものにもなりうる。クライエントにとって最も基本的なプロセスは、感情への気づきを高め、どの感情反応が健康的で、それを指針として使うことができるのか、そしてどの感情が不適応的で変える必要があるのかを見分けられるようになることである。

▼訳注

1——カオス理論などの力学系において使われる用語であり、あるシステムの時間的発展がそこに向かって起こる。つまり全体的発展を引きつける（attract）ものである。ここでは、数多くある自己からなるパーソナリティのなかから、あるパーソナリティが優勢になった自己の状態を指す。

4 セラピーのプロセス

> 些細な感情たちであっても、
> それらは生活を送るうえでの偉大なる指導者であることを忘れずにいよう。
> 私たちは、知らないうちにそうした感情に従って生きているのだ。
> ——ヴィンセント・ヴァン・ゴッホ

　エモーション・フォーカスト・セラピー（Emotion-Focused Therapy：EFT）は、2つの主要な治療原則に基づいている。それは、治療関係の原則と、治療課題促進の原則である（Greenberg, Rice & Elliott, 1993）。このうち治療関係の原則こそが最も重要であり、これは治療課題促進の原則より優先される。EFTでは、セラピストはフォローイング（following）とリーディング（leading）を組み合わせた治療スタイルを取る。クライエントの内的な準拠枠に入り、それに対して共感的に反応するパーソン・センタード・アプローチ（Rogers, 1957）に加えて、体験を深めるために、より先導的でプロセスを指示する体験療法やゲシュタルト療法の治療スタイルが組み合される。こうしてセラピーがつつがなく流れるよう、フォローイングとリーディングが相乗的に組み合わされる。セラピーでは、クライエントの体験プロセスと探索を深め、感情処理を促進する。そのために、何かを押しつけるのではなく、クライエントとセラピストがお互いに影響を与え合う協働構築のプロセスとして、セラピーが進められる。

本章では、最初に EFT の諸原則について論じる。その後、感情に取り組むための観察と介入のスキルについて議論し、感情変容の原則について要約する。続いて、セラピーの段階、主要なプロセス指標と治療課題、ケースフォーミュレーションについて説明し、実際の事例を紹介する。最後に、さまざまな障害への EFT の適用について説明する。

✐ 関係原則と課題原則

　EFT における 3 つの関係原則として、「現前（presence）と共感的波長合わせ」「ロジャース派の中核条件を伝えること」「作業同盟」の 3 点が挙げられる。EFT は、純粋な尊重、感情調整、共感的関係性の上に成り立っている。セラピストはクライエントの体験に対して十分にその場に現前し、細やかに波長を合わせ、敏感に反応する。セラピストはクライエントに敬意を表し、受容的で、調和的である。孤独の打破、認証、自己の強化、自己受容を可能にするセラピストの共感と受容を伴う関係性は、それ自体が治療促進的なものとみなされる。この関係性は二者関係における協同的感情調整（dyadic co-affect regulation）として、クライエントの苦痛を大きく和らげるものとなる。セラピストが波長を合わせ、応答的で、気持ちを反射してくれるような関係は、クライエントに感情静穏をもたらす対人要因（interpersonal soothing）となり、感情調整の発達につながる。こうした関係性は、クライエントに混乱を引き起こす圧倒的で苦痛な感情を調整するのを助ける。他者とのあいだで行なわれていた感情調整は、自己静穏と内的状態の調整能力として内在化される（Stern, 1985）。セラピストとの共感的結びつきがつくられると、脳内の感情処理中枢が影響を受け、クライエントにとって新しい可能性が開かれる。この関係性は感情調整に寄与するだけでなく、クライエントにとって、自己探索と新しい学習の過程に取り組むに必要な安全感をもたらし、最適な治療環境を整える。治療関係は、それ自体が治療的であるが、さらに、新たな意味の探索と創造という治療

的作業を促進するうえでも役に立つ。

　セラピーの目標と課題を協働しながら考えることで、作業同盟を確立することもまた重要である。これによって、問題克服のためにセラピストがクライエントと一緒に取り組む体験が促進される。目標と課題について合意に至ることができるかどうかは、セラピストとクライエント自身が、そのクライエントの助けとなる課題が何であるのかを理解できているかどうかにかかっている。そのため、そのプロセスは共感の出来が試される場でもある。EFTでは、行動変容の目標を設定するわけではない。むしろ、クライエントがこれまで苦しみつづけてきた痛みを理解し、その慢性的な痛みの解決に取り組むことの合意を得る。このようにして、セラピー全体の目標が設定される。

　EFTにおける3つの課題原則としては、「状況に応じた処理」「課題の完遂」「主体性と選択の促進」が挙げられる。これらの原則は、「人間は主体的で、内外の環境を探索し習得しようとする生得的要求をもった目的へと向かう有機体である」という前提に基づいている。これらの原則は、個人的な目標やセッション中の課題への取り組みを通して、内的な感情問題を解決するクライエントを手助けする際に、セラピストの指針となる。

　課題原則は、治療課題に取り組む際の指針となり、クライエントの状態に応じた処理をその時々で促進する。クライエントはセッション中にさまざまな問題状態を示す。EFTでは、そうした問題状態が、最も適した介入法を示すための指標とみなす。この介入に即して、セラピストはクライエントに特定の行動を取るよう促し、体験の喚起を試みる。このようにしてEFTでは、セッション中に体験プロセスを深めるさまざまな実験を試みる。一次感情と要求の表現、痛みを伴う未解決の感情の受容と変容、まだ気づかれていない感情や意味の明確化によって、体験プロセスが深められる。セラピーでは、体験をすぐに対処したり、変えたり、修復したりしようとするのではなく、体験を許容し、受け入れるプロセスを目指す。変化は動的な自己再組織化のプロセスから起こってくる。このプロセスは、特定の目標を目指したり、変わろうと意図的に努力するプロセスとは異なり、

まず受容から始まり、そこから前進する。

　したがって、EFTではフォローイングとリーディングを共に用いる必要がある。しかし、フォローイングはリーディングよりもつねに優先される。さまざまな患者にEFTを適用してきた経験から、感情調整不全の程度に応じて、リーディングと構造化の最適な水準が異なることが明らかになってきた。苦痛が強く回避的なクライエントには、プロセス指示と感情コーチングが有用であることが多い。これは、静穏や思いやりを介した感情的な再養育の形を取ることもある。一方、脆弱なクライエント、内的統制の強いクライエント、過敏なクライエントには、応答的なフォローイングをし、リーディングを控えめにすることが有益である。文化的背景によって、セラピストにどのくらい指示してほしいかという程度に対して期待も異なる。特にセラピーの初期では、セラピストによる指示やリーディングの程度は、クライエントの期待に合わせるようにする。

◢ 観察スキル

　セラピーは、観察スキル（perceptual skill）と実行・介入スキルにより進められる。観察スキルは、感情と問題指標の種類を同定するのに役立つスキルである。実行・介入スキルは、介入を導くスキルである。ここでは、まず一般的な観察スキルと介入スキルを概説する。より詳細な、個々の問題指標と指標に合わせた介入は後述する。

　感情は、種類によってその働きが異なる。そのため、感情の種類についての正確なアセスメントが重要である（Greenberg, 2002；Greenberg & Paivio, 1997）。観察スキルのひとつである感情アセスメントは、一度身につけられれば、共感的波長合わせの自然な一部として、特に意識せずに行なえるようになる。第一に、クライエントが感情を感じすぎているのか、それとも、感じなさすぎているのかについての感情アセスメントが行なわれる。それに応じて、感情に接触するか感情を調整するかという介入が判

断される。セラピーにおいては、あらゆる感情は関係性という文脈のなかで現われる。その感情表出は、関係性の文脈によっても、感情表現についての文化的規範によっても影響を受ける。まずはこの点を認識することが重要である。クライエントの感情調整力不足や、感情を過度に抑える傾向は、クライエントのパーソナリティ特性だけでなく、対人関係や文化によって構築されるものでもある。感情表出とその調整は、治療関係やクライエントの文化的・家族的規範によって決定される。

　それでは、セラピストはどのように感情をアセスメントし、区別するのだろうか？　たとえば、ある人が涙を流しているとき、それは二次的な抑うつ的絶望感によるものなのか、喪失による一次的な悲しみによるものなのかを、どのように区別するのだろうか？　セラピストは、その悲しみが、悲嘆のプロセスのなかで苦痛を乗り越えようとしている兆候なのか、うつ病における苦痛の症状なのかを、どのようにアセスメントするのだろうか？　あるいは、クライエントの涙が、一次的な怒りが裏に潜む抗議の涙なのか、心地よさを得るために意図された道具的な「そら涙」なのかを、どのようにアセスメントするのだろうか？

　セラピストは、感情の種類を区別するために、さまざまなスキルと情報を用いる（Greenberg, 2002 ; Greenberg & Paivio, 1997）。第一に、EFTセラピストは、決して自身の準拠枠のみで評価しない。むしろ、クライエントと協働して、感情がどう機能しているかを一緒に判断していく。共感的波長合わせは、相手の感情を感じとるためには不可欠である。特に、声、表情、身振りといった非言語的手がかりはすべて、表出された感情の性質に関する重要な情報源である。声や表情は、その感情が一次的で偽りのないものか、二次的で他の感情を覆い隠すものかを明らかにすることが多い。人間の感情反応や、感情についてのセラピスト自身の知識と経験、そして、状況に対する自身の典型的な感情反応を知っておくことで、どんな感情が一次的であるかがおおよそ理解できるようになる。たとえば、もしセラピストが、ディナーパーティで皆が見ているときにグラスワインをこぼすとどんな感じがするかを知っていたら、この状況でのクライエントの一次的な

体験が狼狽・決まりの悪さ（embarrassment）だろうということも理解できる。感情、行動傾向、要求間の一致は、一次感情を示唆する。たとえば、喪失に対して悲しみを感じること、親密さを求めること、人に近づこうとすることは一致している。その一方で、傷つけられて慰めを求めているときに怒ったり人を避けたりすることは、二次感情を示唆する。

　加えて、クライエントに対するセラピスト自身の感情反応についての気づきもまた、感情アセスメントにおいて重要である。なぜなら、人は他者からの感情的な手がかりに対して感情的に反応するものであり、これは重要な情報を提供するからである。私たちは、他者の一次的な痛みや苦しみに対しては、自然と深い思いやりを感じる。しかし、二次的な泣き言に対しては、苛立ちを感じる。また、不適応的で攻撃的な怒りに対しては恐れや警戒心を感じるが、力を与える適応的な怒りに対してはそれを応援したくなる。感情アセスメントをするうえで、個々のクライエントの反応パターンや、特定の患者群や文化で見られやすい感情反応のパターンや種類を知っておくことが役立つ。また、感情が表わされる文脈を知っておくことも、文脈のなかで感情を理解する際に最も役立つ。新しい感情が初めて表わされることは、飽きるくらい使い回された感情が表わされる場合とは意味合いが全く異なる。感情の表出が生産的な処理や適応行動につながる場合もあれば、調整不全につながる場合もある。こうした情報は、その感情が一次的で適応的なものかを判断する助けとなる。

◢ 介入スキル

　介入は、感情への介入の諸原則、感情プロセスの理解、それぞれの問題指標に応じた介入の指針に基づいて行なわれる。まず全般的な方略を説明したうえで、感情変容の諸原則、治療段階、指標と治療課題について議論していく。

🗨 感情に取り組むための一般的な EFT の方略

　2つの主要な課題として、(a) 感情を感じない人が感情に接触できるようになること、(b) 感情に圧倒されている人がそれを抱えられるようになること、が挙げられる。クライエントが感情に接触するのを手助けする方法は多い。感情の手がかりとなる身体感覚への注意を促す、感情が喚起される直前のエピソードや状況を思い出すのを手伝う、強烈な言葉やイメージのような鮮明な感情的手がかりを用いる、などである。加えて、あたかもその場で感じているかのように振る舞ってもらったり、言葉や動作を誇張したり繰り返すことをクライエントに提案することもできる（例──こぶしを振り回しながら、大きな怒った声で話す）。感情を表出してもいいという安全感を維持するために、クライエントが自分の覚醒水準をモニターできるよう援助するのも重要となる。自分がコントロールを失っていることに気づけば、たいていの人は感情への接触をやめる。そのため、この方略はとても重要である。

　筆者はよく、抑制傾向のあるクライエントが感情に接触するために何をすべきか、調整不全の状態にあるクライエントが感情を調整するためにはどうすべきか、といった質問を受ける。こうした質問は、「どのような関係性であれば、クライエントが感情に接触・調整するのを援助できるか？」と問い直してみると良い。関係性は、体験された感情への接触や、その処理においてつねに重要な役割を果たす。EFT においてセラピストは、感情的波長合わせを通した感情への接触、対人関係のなかで感情をなだめること（感情静穏）を通した感情調整、関係を通した新たな感情体験の提供を可能にするとされる。

　クライエントが感情に接触し感情を象徴化するのに役立つさまざまな共感がある。これには、認証や喚起反応のような、単にクライエントに対して理解を示す共感的反応もあれば、探索的共感、推測的共感、共感的再焦点づけも含まれる（Elliott et al., 2004 ; Greenberg & Elliott, 1997）。共感的探索は、EFT における介入の基本的な方法である。これは、クライエント

の体験の最先端——最も生き生きとしていて、際立っていて、しかし前面には出ていない体験——に焦点を当て、その体験を展開させる反応である。セラピストの反応が、クライエントの語りのなかで最も生き生きしていると思われる体験に焦点を当てるよう構成されると、クライエントの注意は徐々にそこに向けられるようになり、体験の最先端を明確化できるようになる。言語的・非言語的な語りの最も際立った部分へと、敏感に、その瞬間瞬間に注意を向けることで、セラピストの共感的探索は、クライエントの表現そのものよりも豊かにその体験を把握するのに役立つ。こうすることで、それまで潜在的だった体験を、意識的に気づきのなかで象徴化できるようになる。

　クライエントはふつう、まず問題の経緯を話すことからセラピーを始める。しかしEFTセラピストはまず共感から始め、クライエントの内側に焦点を合わせ、体験を深めるよう促す。もし体験が深まらなければ、フォーカシングを行ない、身体のフェルトセンスに対して注意を向けるよう導く。その後、椅子の対話やイメージ技法のような、より感情を刺激する介入が行なわれる。こうした介入においては、はっきりと焦点の合った気づきを得るために、その感情を強化するよう介入する。

　セラピストはクライエントに対して、身体が感じるままに体験へと注意を向けて、「自分にとって何が問題か？」と問いかけるよう促す。そして、気持ちを言葉にして、その体験の感覚に注意を向け、問題を全体として感じ取り、身体感覚から重要な気づきが生まれるよう促す。これがフォーカシングのプロセスであり、内的体験に関与するための基本的な手法である。

　EFTセラピストは、感情に圧倒され、感情が溢れ出すように感じているクライエントが、適応的な戦略を培って感情を抱えられるようにしていく。これには、圧倒的な感情を観察し象徴化するなどの、さまざまな方法が利用できる（例—瞑想を通して、観察者の立場に立って安全な距離を作り出す。恐怖を、自分の胃のなかにある黒いかたまりとして描写する）。支持と理解を示すことや、他者からの支持や理解を求めるようクライエントに促すことも、感情調整に役立つ。また、苦しい感情を整理するよう促すこ

とも助けになる（例―問題のリストをつくる）。クライエントが自己静穏に取り組めるようにすることは、非常に重要な方略である。ここでは、セラピストはリラクセーション、自己配慮とセルフケア（例―「あなたの他の部分に「悲しみを感じてもいいんだよ」と言ってみましょう」）を促す。気そらしの方法を教えることも有用である（例―逆順に数を数える。安全な場所に行くことを頭のなかで想像する）。セッションでクライエントが感情に圧倒されている場合、セラピストは、深呼吸したり、足で地面をしっかりと感じたり、自分が椅子の上にいることを感じたり、セラピストを見たり、見えるものを言葉にしたりするよう提案することで、その苦痛を調整できる。

　逆説的だが、クライエントが感情を抱えるのに役立つ最も効果的な方法のひとつは、感情が生じたらすぐに、それに気づき、言い表わし、それに対して何をすべきか決めるのを手助けすることである。感情を抑制したり放置したりすることは、むしろ望ましくない感情の侵入を引き起こす傾向があり、結果的に感情はより圧倒的で恐ろしいものとなる。クライエントとセラピストにとって難しい点は、いつ感情への気づきと体験を促し、いつそれを調整すべきか知ることである。圧倒的で破壊的な感情を体験する人に役立つ実用的な指針としては、感情の強さに気づいて、これを対処の指針として用いることである。感情が、対処可能な覚醒水準（たとえば70％くらい）を下回っているときは、感情への接近と気づきが用いられるべきである。しかし、このレベルを超え、感情が手に負えなくなっていたら、気そらしと調整が適用されるべきである。

　感情に取り組むためのこれら一般的な方略に加えて、第3章で記述したように、感情の種類に応じて異なる取り組みが求められる。一次適応感情は、接近して十分に許容すべきで、その結果、情報と行動傾向がもたらされる。感じている感情が一次適応感情かどうかをクライエントが判断するのを手伝うため、セラピストは共感的に反応し、いわば、クライエントの代理の情報処理装置となる。そのためには、感情を描写する言葉や説明を伝え、それが体験をしっかり捉えているかをクライエントに確認してもら

う。セラピストは、「これはあなたの根底にある中核的な感情でしょうか？」と尋ね、それらの体験を促す（「内面に目を向けてください。これは最も基本的な感情でしょうか？」）ことで、感情が一次的かどうかアセスメントすることができる。不適応感情は、クライエントがこれらの感情に接近し、認め、耐え、象徴化し、調整し、探索するのを手伝うことによって最も適切に処理される。不適応感情は、回避されずに接触され受容された後、異なる根本的な感情との接触が起こるが（例—怒り、自己への思いやり、プライドによって不適応的な恥を打ち消す）、その意味を理解しようと内省すると変化しやすくなる。セラピストは、クライエントのより深い体験に対する共感的探索と共感的推察によって、クライエントがこれらの感情に接触できるようにする。不適応感情に接触するために、セラピストは、「思い出すことができる範囲で、一番古くから抱いている最も傷つく感情は何ですか？」、または「この感情は、過去に起きたことに対する反応のような感じがしますか？　それとも、今起きていることに対する反応のような感じがしますか？」と尋ねることもある。他の有益な質問は、「これはよく起こるもので、身動きの取れない感情のような感じがしますか？」、または「この感情は、状況に対処するために役立ちますか？」である。

　二次的反応感情には、その派生源である根本的な一次感情（例—反応的な怒りのもとにある一次的な恐れ）に気づくために、共感的探索を用いて反応する。二次感情の根底にある感情を捉えるため、セラピストは、「そう感じているとき、その感情のほかに、何か感じますか？」、または「時間を取って、その感情の裏側に何か別のものがある感じがするかどうか試してみてください」と尋ねる。道具感情の場合であれば、それらの対人関係機能や他者に対する意図的な影響を探索する。クライエントが悲しみや怒りを感じていると理解したことを伝えたうえで、セラピストは、「もしかしたら、この感情によって、相手に何かを主張したり伝えたりしようとしているのでしょうか？」と聞いてもいいかもしれない。人によっては、自分の感情体験が、自己防衛や慰め、あるいは、他者を独占しようとする試みに関連したものであることに気づくかもしれない。

🍃 感情変容の諸原則

　EFTでは、共感的に波長が合った関係性のなかで、感情の気づき、感情表出、感情調整、感情の内省、感情変容、修正感情体験を通した感情の理解が援助されることによって、感情変容が起こる。これらの感情変容の諸原則（Greenberg, 2002）は実証的に支持されたものである。以下、セラピーにおける感情への取り組みについて論じるが、これは日常生活での感情のコントロールとは異なる。たとえば、トラウマティックな恐怖や、重要な他者に対する抑圧された怒りについては、気づき、喚起し、表わすことが、セラピーにおいては役立つことが多い。しかし、日常生活のなかでは、対処行動を取って感情を制御するほうが望ましい場合がある。

🍃 気づき（awareness）

　感情への気づきを高めることは、最も基本的なセラピー全体の目標である。自分が感じている感情がわかると、自分が求めているものに気づけるようになり、その充足のための行動への動機が高まる。感情への気づきの高まりは、さまざまな意味で治療的である。中核的な感情体験に気づき、言葉で象徴化することによって、その感情がもっている適応的な情報と行動傾向の両方に接触できる。感情への気づきは、単に感情について考えることとは異なる。この点に注意することが重要である。感情への気づきとは、しっかりとした気づきをもって感情を感じることを意味する。否認され切り離された感情を変化させることはできない。これまで否認されてきた感情が感じられたときにこそ、初めて変化が可能となる。言葉によって感情が明確化されたとしても、その感情がしっかりと感じられていなければ、それは感情の気づきにはならない。目標は、感情を受容することにある。自己受容と自己への気づきは、相互に結びついている。自分自身を本当の意味で知ろうと思ったら、人は感情を受け入れなくてはならない。

　問題となっている感情への気づきの上達には、3つの重要な段階がある。第1段階は、出来事の後に感情に気づけることである。過去の感情につい

て内省することは、将来的により良く反応するための方法を学ぶ基礎となる。内省によって、感情反応を引き起こしたきっかけに気づけるかもしれない。洞察志向療法の多くは、この第1段階で終わる。洞察志向療法では、自分のどのような行動が後悔につながったのか理解しようとする。しかし、これだけでは、以前と同じ行動を取ったり、同じ状況で再び感情が引き起こされたりする。第2段階は、感情が生じてから自分の気持ちを判断するまでの時間が短くなる段階である。第3段階は、起こりつつあるまさにその最中に感情を認識し、その感情が完全に起こる前に防ぐことができる段階である（例―怒りや失望の衝動に気づき、それが完全に現われる前に変容できる）。ここでは、人は行動する前に衝動に気づくことができる。最後の段階では、その感情が引き起こされることはない。

● 表出（expression）

セラピーにおける感情の表出は、単に二次感情の発散を意味するだけではない。むしろ、体験の回避を克服することと、以前は抑制されていた一次感情を表わすことを意味する（Greenberg & Safran, 1987）。感情を表出すると、主要な問題に注意を向けて明確化できるようになり、目標の追求を促す働きをする。感情表出がいつどこでも有効であるということはない。セラピーのなかで過去の体験を再体験し修正するための表出と、日常生活のなかでの表現は区別されなければならない。感情の覚醒と表現がセラピー（および日常生活）においてどの程度役に立つかは、どの感情が、どのような問題について、どのように、誰によって、誰に向けて、いつどのような条件で表わされ、その表出の後にどのような感情や意味が続くかによって異なる。日常生活においては、問題のある感情を表わしても役に立たないことが多い。セラピーにおいては、覚醒と表出は不可欠である。しかし、それだけではセラピーの進展にとっては必ずしも十分ではない。

人間は、痛みを伴う感情の体験や表出を避ける傾向が強い。そのため、セッションにおいては、クライエントに一歩一歩、少しずつ身体的体験に注意を向けてもらい、これを通して回避を克服し、痛みを伴う感情に接近

するよう促す。このプロセスでは、回避につながる信念（例―「怒りは危険である」「男は泣かない」）を変えたり、感情を表現することで頭がおかしくなるという恐怖に向き合えるようにすることが求められるかもしれない（Greenberg & Bolger, 2001）。そして、クライエントは、感情と鮮烈に接触することを受け容れ、それに耐えなくてはならない。「感情に接近する」「不快な感情に耐える」というこれら 2 つの段階は、曝露の考え方と一致する。多くの研究によって、避けている感情の否定的な影響を弱めるために、その感情に十分時間をかけて曝露することの有効性が支持されている（Foa & Jaycox, 1999）。感情体験への接近、喚起、忍耐という感情処理段階は必要なものであるが、EFT の観点では、それだけでは一次不適応感情の変化には不十分であると考える。最適な感情処理は、ただそれに耐えるだけではなく、認知と感情の統合（Greenberg, 2002 ; Greenberg & Pascual-Leone, 1995 ; Greenberg & Safran, 1987）と感情変容の両方を伴う（Greenberg, 2002）。中核的な恥や基本的な安全感のなさといった一次不適応感情体験との接触が達成され、感情が表わされた後、クライエントはまた、情報としてその体験を認知的に整理しなくてはならない。つまり、気づきのなかで体験を象徴化し、探索し、内省し、意味を理解してこそ、最終的に変容へとつながるのである。

■ 調整（regulation）

　感情処理の第 3 の原則は、感情調整である。人によって、心理障害によって、あるいは状況によって、感情が調整できずに溢れ出したり、感情調整不全が起こることがある（Linehan, 1993）。治療上の重要な問題は、「どのような感情が調整されるべきか」という点にある。そして、「どのように調整されるべきか」がセラピーの中心となる。一般的に、下方調整（down-regulation）を必要とする感情は、絶望感や希望のなさなどの二次感情、不安についての不安、価値のない存在であることへの恥、基本的な安全感のなさについての不安、あるいはパニックといった一次不適応感情である。

　感情調整を助ける最初の段階は、安全で、落ち着くことができ、認証さ

れた、共感的な環境を提供することである。これは、制御不能となった苦痛を和らげる助けとなり（Bohart & Greenberg, 1997）、自己を強化する。こうした環境のなかで、感情調整スキルと苦悩耐性スキルの心理教育が行なわれる（Linehan, 1993）。これらのスキルには、引き金の同定、引き金の回避、感情の同定と分類、感情の許容と忍耐、適度な距離感の維持、ポジティブ感情の増加、自己静穏、呼吸法、気そらしなどが含まれる。圧倒されるほど強い中核感情から適度な距離を取るうえで、瞑想実践と自己受容が役に立つことが多い。呼吸を調整する能力や、自分の感情を観察し、感情が現われては消えていくのに任せる能力は、精神的苦痛を調整するのを助ける。

　感情調整にはもうひとつの重要な側面がある。それは、クライエントが自己をなだめたり自分を思いやる能力を培うことである。この能力によって、感情を処理するさまざまな段階において感情を和らげ、下方調整することができるようになる。生理的静穏は、ストレス下で増加する心拍、呼吸、交感神経系の活動を調整する副交感神経系を活性化させる。苦痛な感情体験を受け止め、それに対して思いやりをもつクライエントの能力を促進することは、感情に耐え、自己をなだめるための重要な手段である。自己をなだめる能力は、最初は保護的な他者の静穏機能を内在化することで発達する（Sroufe, 1996 ; Stern, 1985）。時間とともに自己をなだめる能力が内在化され、クライエントは潜在的な自己静穏——意図的に努力することなく自動的に感情を調整する能力——を培っていく。

■ 内省（reflection）

　感情に気づき、それらを言葉で象徴化することに加えて、さらに感情体験について内省を促すと、クライエントは体験を語りとして理解するようになり、それを今現在の自己の語りに同化できるようになる。感情体験に対する意味づけが、私たちという人間をつくる。内省によって、体験を理解するための新たな意味が作り出され、新たな語りが生じる（Goldman, Greenberg & Pos, 2005 ; Greenberg & Angus, 2004 ; Greenberg & Pascual-Leone, 1997 ; Pennebaker, 1995）。Pennebaker（1995）は、感情体験について書くこ

とが自律神経系の活動、免疫機能、身体的・感情的健康に肯定的な影響を与えることを報告した。そして、人間は言語を通して感情体験とその感情を引き起こした出来事を整理し、構造化し、究極的には、自分の内に取り込めるようになると結論づけている。

首尾一貫した語りを形成するために、感情体験を探索し内省することもまた、変化の重要なプロセスである。内省によって、自己が心理的に構築・構成されるプロセスへの理解が深まる。語りは認知的組織化プロセス（a cognitive organizing process）をもたらす。これは一種の時間的な広がりをもつゲシュタルトであり、そこに含まれる筋書きやテーマによって、個人のライフイベントの意味と行動が決定される。ストーリーによって、体験と記憶が意味ある一貫した物語に仕立て上げられ、体験が整理され、アイデンティティの感覚がもたらされる。人間は自分自身にとっての個人的な意味を感じて体験することを求める存在であり、実存的空虚感を克服するために意味を創り出す必要がある。

● 変容 (transformation)

セラピーにおいて不適応感情を扱う最も重要な方法は、不適応感情への単なる曝露でもその調整でもなく、他の感情によって不適応感情を変容することであろう。とくに、一次不適応感情（例——ひとり見捨てられることへの恐怖、恥、悲しみ）を、他の適応感情で変えることが重要である（Greenberg, 2002）。筆者は、不適応的な感情状態は、他のより適応的な感情状態を活性化することで最も確実に変容できると考えている。EFTにおける重要な目標は、不適応感情に到達することである。しかしその理由は、不適応感情が情報をもっていたり動機づけとなったりするからではない。むしろ、不適応感情を接触可能なものにして変容させるためである。不適応感情とともに、あるいは不適応感情に対する反応として、より適応的な感情を同時に活性化させることが、不適応感情を変容させるうえで役に立つ。逆説的であるが、感情を変えようとするのではなく、痛みを伴う感情を十分に受け入れることで、感情変容への道が開かれる。その感情を十分

に感じ、そのメッセージに耳を傾けてはじめて、他の感情によってその感情を変えることが可能になる。EFTの介入指針となる大前提は、「ありのままの自分を受け入れなければ、変容へと開かれることはない」という点にある。ある場所に到達しなければ、そこから離れることはできない。つまり、感情に関して言えば、ある感情を癒すためには、まずはその感情を感じなければならないのである。本当に変えたいと望んでいるのであれば、自分の良くない一面であっても、まず受け入れ、歓迎しなければならない。自己変容の前には、必ず自己受容がある。

　感情で感情を変えるプロセスは、カタルシス、完遂、手放すこと（しがみつくのをやめる）、曝露、消去、馴化といった概念では捉えきれない。というのも、このプロセスで不適応感情は除去されたり、単に弱められるわけではないからである。むしろ、別の感情が、不適応感情を変容させたり打ち消したりするために使われる。恐怖症、強迫性障害、パニックにおける恐怖や不安のような調整不全による二次感情や、恐怖を伴う侵入的なイメージは、単なる曝露によって克服されるだろう。しかし、多くの場合、一次不適応感情（例―自分の価値のなさについての恥、基本的な安全感のなさについての不安、見捨てられる悲しみ）は、他の感情との接触によって、最も確実に変容する。たとえば、中核的な恥や見捨てられる恐怖のような一次不適応感情は、力をみなぎらせる怒りや誇り、あるいは自己への思いやりのような、相容れないより適応的な体験を同時に活性化することによって変容できる。新しい感情は、古い反応を弱めるというよりもむしろ、それを打ち消すものである（Fredrickson, 2001）。これは、感情を弱めるために、単に感情を十分に感じたり感情に直面化したりする以上のことを意味する。むしろ、（たとえば）一次不適応的な恐怖や恥がもつ対人回避の傾向は、怒りや悲しみがもつ接近傾向を喚起することによって変容する。

　セラピーにおいて、児童期の虐待に由来する見捨てられ恐怖や潰されるような恐怖が喚起されることがある。こうした恐怖は、当時も感じていたが表わせなかった適応的な怒りや嫌悪といった、力をみなぎらせ、相手との境界をつくるような感情の活性化により、安全感へと変容できる。ある

いは、悲しみや慰めの要求、自己に対する思いやりといった、以前は接触できなかったより穏やかな感情を喚起することによって、苦痛が和らげられ、安全感へと変容しうる。同様に、不適応的な怒りは適応的な悲しみによって打ち消されうる。他者からの蔑視によって内在化された不適応的な恥は、過去に受けた虐待に対する怒りに接触したり、自己への思いやりをもったり、誇りや自己尊重感に接触することで変容しうる。不公平に扱われ人生を邪魔されたことに対する怒りは、絶望感と無力感に対する解毒剤となる。恥ずかしさで引きこもり、無力感で押しつぶされそうな傾向は、侵害されていることへの怒りがもつ推進力によって変容しうる。脳のある部位から生じる引きこもりの感情は、脳の別の部分から生じる接近感情を用いて置き換えられる。また、これが逆の方向で起こることもある（Davidson, 2000a, 2000b）。このような代替感情に接触すると、それが当初の感情を変容させて打ち消し、新しい状態が作り出される。ただし、対立する変容感情を活性化させる前に、変えるべき不適応感情を調整し鎮めたうえで、その感情の意味を理解する時間が必要とされることもある。

　感情変容のためにクライエントが新しい感情に接触するうえで、セラピストはどのような援助ができるだろうか？　これまでにも多くの方法が紹介されてきた（Greenberg, 2002）。セラピストはさまざまな方法によって、これまで触れられなかった背景にある感情に接触するのを手伝うことができる。たとえば、その場で表現されているものの、まだ気づきの「外縁に」ある感情に注意を向けることができる。あるいは、他の感情が存在していなければ、要求に焦点を当て、それによって新たな感情を喚起する（Greenberg, 2002）。新たに喚起された代替感情は当人にとっての資源となり、不適応的な状態を変えるのに役立つ。これらの新たな感情は、もともと感じられてはいたが、表現されなかった感情である。あるいは、過去の状況に対する適応的な反応として、現在感じられている感情である。トラウマ被害者が加害者に対する適応的な怒りを表に出せれば、不適応的な恐怖を変容させることができる。恐怖のもつ退却傾向が、怒りのもつ前進傾向と組み合わされ、これによって、加害者を悪人として理解できるように

なり、自分は守られるべき存在であると捉えられるようになる。この状態は、それまで当人を支配してきた罪悪感や安全でない感じとは全く異なるものである。新たな適応的な感情への接触（この場合は怒り）を促す前に、一次不適応感情（この場合は恐怖）を象徴化し、探索し、分化することが重要である。また、ゆっくり深呼吸して落ち着いてから、そうした感情を調整することも重要である。

　新たな感情に接触する他の方法として、新たな感情を呼び起こすために行為化・実演（enactment）やイメージを用いる、感情が感じられた当時を思い出す、ものの見方を変える、あるいは、セラピストがクライエントの代わりに感情を表現することが挙げられる（Greenberg, 2002）。こうした新たな感情資源は、いったん接触すると、それまで当人の処理の仕方を決定してきた心理・感情の運動プログラムを打ち消しはじめる。新たな感情状態によって、不適応感情がもたらす自己観や他者観の妥当性を疑うことができ、その影響力を弱めることもできる。適応的な要求に接触することで、不適応的な感情と信念が誤って確証されることは自然となくなっていく。

　筆者の考えでは、新たな感情反応が生じてこそ、不適応的な感情反応の持続的な変化が起こる。こうした変化は、洞察や理解によっては起こらない。むしろ、以前の状況に対する新たな反応が生み出され、これらが記憶に組み入れられることによって可能となる。EFT は、「ある場所に到達しなければ、そこから離れることはできない」という基本原則の上に立つ。児童期の喪失とトラウマに関する不適応的な感情スキーマ記憶は、記憶を再構築するために、セッション中に活性化される。新たな現在の体験が加わって過去の出来事の記憶が活性化され、過去の記憶に新たな体験が同化し、それにより記憶の変容が生じる（Nadel & Bohbot, 2001）。古い記憶は、現在の状況のなかで活性化されることで再構成される。この再構成は、安全な関係性というコンテクストのなかでセラピストと共にいるという新たな体験を通して起こる。そしてまた、古い記憶がより適応的な感情反応とともに、あるいは、今では大人となった自分がもつ資源とともに活性化され、かつての状況への対処法が理解されつつ再構築される。こうした新た

な要素が組み入れられることで、記憶は再び新たに固定化する。このようにして、少なくとも過去の記憶は変えられていく。

● 修正感情体験（corrective emotional experience）

　対人的な修正感情体験においては、他者（しばしばセラピスト）との実際の体験が特に重要である。対人静穏を提供され、症状を生み出す信念が反証され、新たな成功体験を得ることで、クライエントは以前に確立された対人関係パターンを修正できる。軽蔑や侮辱を受けるのではなく、治療的文脈のなかで恥に直面したり、自分が受容されたりする体験は、恥の感情を変える力をもつ。自分の怒りが否定されずに受け入れられることは、新しい生き方にもつながる。もうクライエントは罰せられることなく、セラピストと一緒に自分の弱みや怒りを表わすことができ、非難されることなく自己主張できるようになる。この新たな感情体験というまぎれもない現実によって、クライエントは、強力な大人に屈する（当時の）無力な子どもではないのだと実感できるようになる。人生における成功体験も重要ではあるが、EFTにおける修正感情体験は、主として治療関係のなかで生じる。

　EFTの目標は、セラピーというより好ましい状況の助けを借りて、クライエントが過去に処理できなかった感情を再体験するなかで、統制感を体験することにある。そして、修正感情体験を経て、過去の対人関係の体験から受けた傷が癒される。こうした関係性を通した修正感情体験は、治療全体を通して起こる。一般的には、自身の内的世界に波長を合わせ、認証してくれる存在としてセラピストを体験するときには、いつでもこの体験が起こる。患者とセラピストの純粋な関係とその継続こそが、修正感情体験なのである。

● セラピーの段階

　EFTのセラピーは、大きく3段階に分けられ、各段階の経過は一連のス

テップとして記述される（Greenberg & Watson, 2006）。初期段階は「感情的絆と気づき」であり、次に中間段階の「喚起と探索」が続く。そして、「変容」という最終段階でセラピーが終わる。この最終段階には、新たな感情を引き起こして別の選択肢をつくること、そして新たな語りの意味を作り出すために内省することが含まれる。最初の段階である「感情的絆と気づき」には4つのステップがある――（a）クライエントの感情と自己感覚に注意を向け、共感し、認証する。（b）感情に取り組むための理論的根拠を示す。（c）内的体験への気づきを促進する。（d）協働的にセラピーの焦点を定める。次の「喚起と探索」の段階にもまた、同じく4つのステップがある――（a）感情体験を支える環境を確立する。（b）問題となる感情を喚起し、その覚醒状態を強める。（c）感情体験への妨害を弱める。（d）一次感情や中核的不適応スキーマに接触するのを手伝う。最終段階では、新たな感情を生み出し、新たな語りの意味をつくる。この段階には3つのステップがある――（a）中核的不適応スキーマを変容するために、新たな感情反応を引き起こす。（b）体験を理解するために、内省を促進する。（c）新たな感情を認証し、現われつつある自己感覚を支える。

　一次感情を感じ、それを資源として利用することで、最も深い変化が生じる。場合によっては、変化がごくシンプルな形で起こることもある。たとえば、力をみなぎらせる怒りのような、根底にある適応感情に接触して、それを使って自他境界を確立する場合である。あるいは、適応的な悲しみに接触し、喪失を十分に嘆き悲しみ、引きこもり、気持ちを整理し、傷を癒し、慰めと援助を得るプロセスが挙げられる。これらの状況において、感情がもつ要求と行動傾向に接触することで、変化への動機づけと方向性が与えられ、別の形の反応がもたらされる。諦めは行動へと、絶望感は何かしたいという意欲へと置き換えられる。

　しかしながら、中核的な一次感情に到達すると、それは悲しみや怒りといった表わされてこなかった一次適応感情ではなく、複雑な不適応感情のスキーマに基づく体験であると理解されることが多い。中核的不適応スキーマとしては、無力感、みじめさ、深い傷つきの感覚、恥、安全感の欠

如、無価値感、愛し愛されることなどないという感覚などがある。これらの感情は、失望、パニック、絶望感、全般的苦痛のような二次感情の根底に隠れていることが多い。無価値感、脆弱感、安全感の欠如といった一次不適応感情は、接触することによって変化がもたらされる。感情的苦痛は、感情体験を通してこそ癒されるものである。無価値感や不安感から離れるには、まずそれに到達しなければならない。セラピーでは、まずこれらの無価値感や脆弱感を象徴化し、次に、代わりとなる適応的な感情を基礎とした自己スキーマに接触する。代替スキーマは、適応感情や要求に接触することで生まれる。この適応感情や要求は、現在の生活で体験されている感情的苦痛に反応して活性化される。このように、象徴化された苦痛に対する反応は適応的であり、活力を与える資源として接触されて、利用されなくてはならない。

変容プロセスにおける感情処理の基本的段階

EFTでは、「嫌な感情（bad feelings）」の喚起、探索、変容に関するモデルを提唱し、検証している。このモデルは臨床の理論と実践に基づいており、二次感情、一次不適応感情、一次適応感情へと順に移行するプロセスを記述している（Greenberg & Paivio, 1997；Herrmann, Greenberg & Auzra, 2007；Pascual-Leone & Greenberg, 2007）。苦痛な感情の変容は、喚起された感情（例―「嫌な気分だ」）に注意を向けることから始め、その後、嫌な感情を生み出す一連の認知や感情（例―「絶望的だ」「やってみたところで何になる？」）を探索する。最終的に、恐怖や恥に基づく、いくつかの中核的で不適応的な感情スキーマ（例―「私は価値がない」「私は一人では生きていけない」）を活性化することへとつながる。この段階では、新たな適応的体験に接触することになる。

苦しい状態にあるクライエントが、自らの考えや感情について詳しく話し、分化しはじめると、その後、次の2つの方向性のうちのどちらかに向かう。1つは不適応的な感情スキーマに基づく中核的で不適応的な自己組

織であり、これは恐怖と恥に関するものであったり、見捨てられる悲しみであったりする。もう1つは二次感情の表出であり、これには絶望感や否定されることへの怒りがある（A. Pascual-Leone & Greenberg, 2007）。これらは、適応的な悲嘆や傷つきの表現、あるいは力をみなぎらせる怒りや自己静穏を通して解決され、自己受容や主体性の感覚が促進される。心理的資源が豊富なクライエントは、しばしば、二次感情から直接、自己主張的な怒り（assertive anger）や健康的な悲しみに移行する。一方で、傷ついたクライエントの多くは、中核的で不適応的な、愛着に関わる恐怖と悲しみ、あるいはアイデンティティに関わる恥に取り組む必要がある（Greenberg, 2002 ; Greenberg & Paivio, 1997 ; Greenberg & Watson, 2006）。

　苦しい状態にあったクライエントは、不適応的な恐怖、見捨てられ、悲しみ、恥の感情を十分に経験することで、苦痛を解決していくことが多い。こうした感情状態に入ると、クライエントは自分を不十分で、空っぽで、孤独で、無能だと感じる。これらの不適応的な状態が、適応的な要求に分化され、それが中核的不適応スキーマに組み込まれた自己のネガティブな評価を否定するようになると、変容が起こる。恐怖、恥、悲しみといった不適応感情に内在する、中核的で適応的な愛着とアイデンティティの要求（つながり合うことと、認められること）が喚起され承認される。このときに、適応感情との接触が起こり、愛され、尊重され、つながりをもつに値しないというネガティブな自己に対するメッセージが打ち消される。これが、このプロセスの本質である。適応的な怒りや悲しみに支えられながら、これらの2つの体験（「私は価値がなく、愛されない」と「私は愛され、尊重される価値がある」）の対立が、過去と同様の状況で喚起されることにより、不適応的な感情状態が克服される。これは、新たな自己体験に接触し、意味を創造することによって達成され、新たな肯定的な自己評価の出現につながる。

　そしてクライエントは、自己を承認して肯定してくれる治療関係のなかで、それまでに経験してきた喪失や傷つきを認めて（「私は、必要なものをもっていないし、本来なら与えられてしかるべきものを失った」という

ことを認識する）、深く悲しんだり、力をみなぎらせる怒りを主張したり、自己静穏に向かうようになる。新たに認識された要求が境界設定であれば、クライエントは適応的な感情表現を、境界を守るために外側へ（怒りとして）向け、慰めであれば、自己に向かって内側へ（深い思いやりや優しさとして）向ける。このプロセスは、失ったものへの悲嘆に変容することが多い。この悲嘆状態は、喪失についての悲しみや、自分の苦痛や傷つき（あるいはその両方）の認識に特徴づけられる。このプロセスでは、当初の苦痛状態全体を特徴づけていた非難、自己憐憫、諦めはもはや存在しない。そして、新たに発見された主張性や自己静穏を伴う効力感と喪失感とが統合されることで解決に至る。

以上に示してきたように、EFTでは二次感情、一次不適応感情、一次適応感情という順に移行していくなかで中核的な変容が起こる。変容プロセスにおいて、中程度から高い感情覚醒が必要であるが、これらは回復の促進にとって適切な水準に保たれる。セラピストは、感情が感じられ、情報として正しく判断されるのに十分な水準に至るよう覚醒を高めるが、一方で、うまく調整されずに混乱させるほどは強くなりすぎないよう、最適な感情覚醒を促すようにする。

🗨 プロセス指標と課題

EFTの特徴は、プロセス指標に導かれて介入が実施されるという点にある。研究によって、クライエントがセッション中に、特定の問題がある感情処理状態に入ることが明らかになった。この状態はセッション中の言動で観察可能であり、これらの言動はクライエントの根底にどのような情動の問題があるのかを示す指標となる。この指標は、どの時点が特定の効果的な介入なのかを示す（Greenberg, Rice & Elliott, 1993 ; Rice & Greenberg, 1984）。プロセス指標は、単にクライエントの状態と用いるべき介入の種類を示すだけではなく、問題に取り組むための準備状態がその時点でどの程度なのかをも示す。EFTのセラピストは、感情処理の問題の指標を同定

し、最も適した方法で介入するよう訓練を受けている。

　それぞれの課題は集中的かつ広範囲に研究されており（第 5 章を参照）、解決へ向かうための重要な要素と、課題ごとの解決状態とが明らかにされている。実際の変容プロセスについてのモデルは、セラピストを介入に導く地図の役割を果たす。以下の主要な指標と、それらに対する介入が明らかにされている（Greenberg, Rice & Elliott, 1993）。

- 問題反応（problematic reactions）の指標——特定の状況に対する感情的・行動的反応が自分でも理解できない困惑として表わされる状態（例—「セラピーに来る途中、耳の長い子犬を見て、突然とても悲しく感じたのだけど、なぜだかわからないんです」）。問題反応の指標が観察された場合、それは系統的喚起展開法の介入をする良い機会である。この介入では、状況とその場での反応を再体験するために当時の体験を鮮明に喚起させ、状況、思考、感情反応のつながりを確認する。最終的に、言語化されなかったものの当時の状況が含んでいた意味に到達し、自分の問題反応への理解を得る。この課題の解決は、自己機能に対する新たな見方を生む。

- 不明瞭なフェルトセンス（unclear feltsense）——表面的であったり、困惑を感じていたり、明確に意味が理解できないような体験をしている状態（例—「何か感情を感じているんですが、それが何なのかよくわからないんです」）。この状態への介入はフォーカシング（Gendlin, 1996）となる。フォーカシングでは、クライエントが注意と好奇心と意欲をもって、自らの体験のなかから身体的感覚を生じさせた側面に接近し、それらを体験し、身体的なフェルトセンスを言葉にできるよう導く。この課題の解決は、身体的なフェルトシフトと新たな意味を創造する。

- 葛藤の分離（conflict splits）——自己のある側面が別の側面と対立

する状態。これは一方が批判的、もしくは強制的なものとなることが多い。たとえば、姉妹と比較して自分は敗者だと考える女性は、こうした批判に直面するとすぐに絶望的になり打ち負かされる。しかし、もう一方で怒りも表わす。これは、「姉妹たちより自分は劣っているように感じます。まるで私はだめな人間で、彼女たちほど良い人間ではないように感じます」といった言葉で表わされるかもしれない。このような自己批判分離（self-critical splits）には、二つの椅子の作業をする機会を提供する。この介入では、自己の2つの部分を対面させ、生き生きと対話させる。自己のそれぞれの側面のなかにある思考、感情、要求が探索され、実際の対話のなかで伝えられることで、批判的な声が和らぐ。この課題の解決は、両側面の統合を引き起こす。

- 自己中断分離（self-interruptive splits）──自己のひとつの側面が、感情の体験と表現を中断したり制限したりする状態。（例―「涙が出そうだと感じますが、そこでただ固まって、行き詰まってしまいます。絶対に泣くことなんてありません」）。この場合、二つの椅子の行為化・実演（enactment）によって、何かを中断させている自己の一側面が明らかにされる。クライエントは、自分がどのようにして中断しているかに気づくようになり、身体的な行為（息を詰まらせる、声を出さないようにする）、比喩（檻に入れる）、言語（「黙れ、感じるな、静かにしろ、でないとこの状況を生き延びられない」）によって、実際にそれをあえて試してみるよう促される。そうすることで、自分自身を中断過程にある主体として体験できる。そうすると、何かを中断する自己の側面に対処し、違った行為を試してみることができる。この課題の解決は、それまで遮断されていた体験の表出を引き起こす。

- 未完了の体験（unfinished business）──重要な他者に対する心残り

がある未解決の感情について言及した状態。たとえば、初回のセッションで、思いを強く込めて「父は私のそばにいてくれることは全くありませんでした。一度も父を許したことがありません」というような場合が挙げられる。重要な他者についての未完了の体験に対しては、空の椅子（empty chair）の介入を実施する。空の椅子の対話を用いて、クライエントは、重要な他者についての内的な見方を活性化し、相手に対する自分の感情反応を体験・探索し、それらの意味を理解する。満たされない要求への接触と、その他者や自分への見方に変化が生じる。この課題の解決は、他者に責任を取らせるか、あるいは他者への理解や許しを引き起こす。

- 傷つきやすさ・脆さ（vulnerability）── 自己を壊れやすく感じて、深く恥じており、不安定な状態（例─「私には何も残っていないんです。もうだめです。自分ではどうすることもできません」）。この傷つきやすい状態では、セラピストによる肯定的な共感的波長合わせが必要となる。クライエントが自身の体験のいずれかの側面について深く恥じているか、心もとなく感じているとき、セラピストからの共感的波長合わせが必要とされる。セラピストは、クライエントが感じている内容を捉えるだけではなく、クライエントに力を与える感情にも注意を向け、その体験のテンポ、リズム、トーンを映し返すようにする。加えて、セラピストはクライエントの体験を認め、ノーマライズしなくてはならない。この自己体験の反映は、自己感覚の強化につながる。

以上6つの指標と課題に加えて、トラウマと語りの語り直し、治療同盟の決裂と修復、自己卑下と思いやり、感情的苦痛と自己静穏、混乱とクリアリング・スペースなど、多くの指標と介入がある（Elliott, Watson, Goldman & Greenberg, 2004 ; Greenberg, 2002 ; Greenberg & Watson, 2006）。加えて、感情への介入と語りへの介入を組み合わせた、語りの指標とそれ

に応じた一連の介入法が明らかにされている（Angus & Greenberg, in press）。これらの指標は以下のものを含む。「使い古したストーリー（same old story）」の指標は、行き詰まっている問題について繰り返し語るような語りである。これに対する最良の介入は、特定の出来事記憶を再体験するよう促すことである。「語られないストーリー（untold story）」の指標は、その場で物語が現われつつある語りであり、これは共感的探索によって接近できる。「空っぽのストーリー（empty story）」の指標は、感情を欠いた語りであり、まだ語られていない感情への共感的推察を用いた介入が最も実り多いものとなる。「壊れたストーリー（broken story）」の指標は、思いがけない出来事が起こって安全感が脅かされるという語りであり、これは一貫性を促すことによって最も処理が進む。

ケースフォーミュレーション

　EFT は文脈を細やかに考慮した、プロセス志向のケースフォーミュレーションを開発している。これは、短期療法で特に重要とされるような、セラピーの焦点化を促すうえで役立つものである（Greenberg & Goldman, 2007）。ケースフォーミュレーションはパーソナリティや症候群の診断よりも、プロセス診断、焦点化、指標の同定、クライエント特有の主題の展開に注目する。EFT アプローチでは、内容よりもプロセスを、疾患の診断よりもプロセス診断を優先する。プロセス志向アプローチでは、ケースフォーミュレーションは継続的なプロセスであり、事例としてのクライエント理解と同様に、セッションの瞬時ごとの変化とその文脈に対して細やかな注目を向ける。セラピストの主な関心は、クライエントのプロセスについていき、感情を伴う現在の悩みに関する中核的な痛みと指標を同定することにある。これは、クライエントの永続的なパーソナリティ状態やパーソナリティ力動、あるいは中核的な関係パターンを明らかにすることよりも優先される。

4　セラピーのプロセス　｜　111

ケースフォーミュレーションは治療の焦点化を促し、治療課題をクライエントの目標に合わせるのに役立ち、これにより生産的な作業同盟が確立される。セラピーの焦点を定める際にセラピストは、クライエントの苦痛を伴う体験についていくために、感情の追跡装置として機能する「痛みのコンパス」（Greenberg & Watson, 2006）に従うとともに、セッション中に現われるさまざまな指標に注意を向ける。クライエントの「痛み」と「指標」は介入の指針となるものであり、診断や顕在的なケースフォーミュレーションよりも重要とされる。一次感情、二次感情、道具感情（Greenberg & Safran, 1987）を区別することもまた、ケースフォーミュレーションにおいて重要である。

　クライエントが現在感じている体験から、クライエントが抱える困難を知り、困難につながる要因への接触や介入の可能性を判断することができる。協働作業の焦点や一貫した治療主題は、状況を越えて繰り返される体験と行動のパターンを探索することでは生まれない。むしろ、その場の体験に焦点を当て、その体験や出来事の先端へと探索を進めることで生じる。セラピストとクライエントの協働的な取り組みによって、症状の根底にある認知－情動過程が同定され明確化される。このプロセスでは、クライエントの慢性的な痛みを同定することが求められる。

　以下の段階を通して、介入の指針となるケースフォーミュレーションが作成される（Greenberg & Goldman, 2007）。

(1) クライエントが呈している問題を同定する。
(2) 問題に関するクライエントの語りに耳を傾け、探索する。
(3) クライエントの感情処理スタイルを観察し、注意を向ける。
(4) クライエントの愛着とアイデンティティについての歴史と、現在の人間関係や悩みについての情報を集める。
(5) クライエントの体験のなかで、苦痛を伴う側面を同定し、それに反応する。
(6) 指標を同定し、指標が現われたらそれに応じた課題に取り組むよ

う提案する。
（7）現われつつある主題に関連した、個人内・対人的なプロセスや語りに焦点を当てる。
（8）課題のなかで介入を方向づけるため、クライエントの瞬間ごとに起こりつつある処理に注意を向ける。

✎ 事例の紹介——怒りによって絶望を打ち消す

　クライエントは、39歳になるポーランド系白人女性である。アセスメント面接において、気分が落ち込んでいて憂うつであると涙ながらに語った。これまでの人生の大半を落ち込んでいる状態で過ごしてきたが、昨年は特に症状がひどく、仕事もせず、外出したり電話に出たり来客に応じることはほとんどない生活に陥っていた。家族との関係はもともと難しく、彼女にとってつらいものであった。母親は万引きで有罪判決を受けたことがあり、クライエント、兄、2人の姉妹はもう母親と連絡を取っていなかった。父親は強制収容所から生還した人物であった。父親は家族と情緒的つながりをもつことがなく、批判的で厳しい人だった。クライエントは幼少期を通してずっと体罰を受けていた。幼少期の家庭状況は非常に困難なものであった。そのため、彼女のきょうだいは皆早く実家を出て家族と別れた。彼女は家族のなかでも姉妹との関係を大切にしていた。姉妹を自分の親のように慕い、両親以上の愛情と援助を受けてきた。

　最初の数回の面接では、セラピストは共感的理解、共感的探索、共感的推察の応答を用いて傾聴し、理解したことをクライエントに伝えた。セラピーは、クライエントが現在の問題を説明するところから始まった。

クライエント　これまでの人生の大半はひどいうつで、とても落ち込んでいました。でも、特に今年はひどい年でした。プライベートを助けてくれた親しい人たちを亡くしたんです。過去にうつ病で危機的な時期が

あっても、いつも立ち直ることができていたのに。そして今年はつらい時期を過ごしていて……

　クライエントは、9年連れ添った夫も不安に苦しみ、その年の初旬に入院したことや、姉妹たちからは離婚をすすめられたことを話した。しかし、彼女は夫の傍にいて、困難な時期を乗り切るのを支えた。そのため、彼女は自分の姉妹など家族から疎遠になったと感じている。
　彼女は初回面接で、自身の抑うつをどう捉えているか語った。

クライエント　うつには家族との関係が大きく影響しているのだと思います。家族と打ち解けられないし、兄や姉妹たちのことも好きになれないんです。兄や姉妹はとても早くに結婚して、子どもがいて、その子どもたちにも子どもがいます。私は家族なのに部外者のようです。私は36になるまで結婚しませんでした。何度も他の街へ引っ越したり故郷に戻ったりして、とにかく違う道を歩んできました。同じではありませんでした。彼らとは違った人生を送ってきました。
セラピスト　部外者のように感じていたんですね。［共感的理解］
クライエント　ええ、仲間外れにされていました。
セラピスト　なるほど、部外者のような感じだけでなく、家族に非難されているような感じもある。［共感的探索］
クライエント　そう、そうね、姉は違ったけど、妹はそうでした。兄とは昔はとても仲が良かったのに、もう今はそうではなくて、それが理解できないんです。わからない。たぶん兄は、うつの人にはこりたのかもしれません。
セラピスト　きょうだいがどこか認めてくれない感じがするというのは、つらいことですね。こんなふうに言われていたんですね。あなたは結婚するべきで、あなたは……［共感的に再び焦点を合わせる］
クライエント　身を落ち着かせるべきだ、と。
セラピスト　あなたはけなされたように感じていた。それでとても嫌な気

分になって……［共感的推察］
　　クライエント　うつになるんです。時々、気分が落ち込むんですけど、どうしてそうなるのかわからないんです。

　初回面接で探索を進めていき、セラピストは、クライエントが子ども時代を通して、そして成人期に入っても、孤立し、支えられていない経験を重ねてきたという印象をもっていた。彼女は両親の批判的な声を内在化し、自分自身を"でき損ない"だと評価してきた。過去に身体的にも心理的にも虐待を受けてきた背景から、感情的に安全だと感じられず、見捨てられていると感じてきた。感情処理のスタイルという点からみると、彼女は自分の内的体験に焦点を当てることができており、特に共感的反応に良い反応を示すことにセラピストは気づいた。彼女自身が言うように、彼女は痛みを伴う扱いにくい感情を避ける傾向があった。また、はっきりとした感情パターンがあるように推察された。それは、悲しみや怒りといった一次感情を感じ、満たされていない親密さと十分受け容れてもらいたい気持ちに気づきつつあるときには、いつも無力感と絶望の二次感情に移る、というパターンであった。初回面接の序盤からこのパターンが生じていた。この際、彼女は家族にはもう対処のしようがない様子を語っている。

　　クライエント　妹が電話をかけてきて、「誕生日祝いにどこかへ連れて行ってあげたいの」と留守番電話にメッセージを残していました。どういうわけか、それで昨日一日中本当に動揺して泣いてしまって、とても感情的になりました。こう思ったんです。妹となんてディナーに行かないって。だって私が何か言うたびに、私を非難するでしょうから。彼女はとても批判的なんです。彼女は理想的な人生を送っていますから、私の人生をみていろいろ考えるんでしょうね。電話をかけてきて、弁護士を雇うように言ったのは彼女なんです。それで夫が病院から出てきてからは、何カ月も音沙汰がありませんでした。その間、妹はなぜ私が自分のところに来ないのかと不思議に思っていたんです。私たちがどんなふうに感

じていたのか、彼女には一切わからないんです。精神的に病んでいるという理由で、夫を置いて縁を切るように言ったのに。私が妹の言うようにして、彼女のもとに行けばすべてうまくいく、とでも思っていたのでしょう。
セラピスト　それで実際に妹さんやご家族に対してとても腹が立っているようですね。［共感的探索］
クライエント　ええ、とても。
セラピスト　幸せそうな顔をして誕生日のランチとかそういったものに行くのは難しい。そういうふりはできない。しかしまた、なぜか結局泣くことになって……［共感的探索］
クライエント　落ち込んでしまうんです、ええ。
セラピスト　腹が立つというのは、妹さんの接し方についてなのでしょうか。［共感的推察］
クライエント　ええ、そうです。
セラピスト　もうひとつは、彼女が自分を非難するだろうということで、あなたは傷つきやすく感じていて……［共感的推察］
クライエント　過敏になっているんだと思います。というのは、これまでは、怒って妹に本音を言ったこともあるんです――でも今はもう、言い争いをするのもまっぴらなんです。そんなことしたってどうしようもありません。放っておいてほしいんです。それが今感じていることです。だけど、そんなことをしても何にもならないことはわかっています。クリスマスはもうすぐで、気が重くなってきます。

彼女はセッション1で両親について話している。

クライエント　母は真夜中に電話をかけてきて私をののしるんです。私は結婚したとき、もうたくさんだと思ったんです。もうそれ以上我慢できなくなって、母とは縁を切りました。そして父は、いないも同然でした。私が1年間仕事をしていなかったときも、夫の神経が参ってしまったと

きも、大親友が亡くなってしまったときも。父から電話をしてくることなんて一度もありませんでした。今年だけじゃありません、いつでもそうなんです。本当にそうなんです。父の後ろ盾を感じたことなんてないんです。

セラピストは、父親の後ろ盾を感じたことがないことについて彼女が話しているとき、彼女の声が「内的体験に焦点化された声（a focused voice）」（Rice & Kerr, 1986）の質を帯びていることに気づいた。彼女のまなざしには内側の体験へと向いているような、探索の様子があった。そこでセラピストは、その状態に潜む孤独感を反射することで、さらに彼女が内面へと目を向けるよう導いている。

　　セラピスト　とてもひとりぼっちだと感じているのですね。本当に誰も守ってくれない。［共感的推察］

すると彼女は、一旦は他者に向けて話す平坦な声の調子に戻り、自分にはたくさん友だちがいると話した。セラピストはそれを反射して、友だちが何人もいることはそれとして認めつつも、ひとりぼっちで見捨てられる気持ちに共感的に焦点を戻した。すると、彼女は涙を流しはじめた。探索はこの時点で内面へと入り、さみしく、弱々しい、傷つき感情に向かっていき、彼女は絶望感のただなかへと身を移していく。セラピストはこの状態をセラピーで取り組める潜在的なテーマとして捉えた。そして、後にまたセラピーのなかで戻れるように、ひとつの指標としてこの状態を位置づけた。それと同時に、感情に取り組むための理論的根拠を示している。

　　クライエント　まあでも、ほかのことに取り組むべきだと思うんです。ここでぼんやりと座って、自分のことを哀れに感じても仕方ないって。
　　セラピスト　弱さを感じるのは嫌なことですよね。［共感的探索］
　　クライエント　そう、時間の無駄です。

セラピスト　けれども、どういうわけか、あなたのその感情は、あなた自身への大切なメッセージでもあるようですね。[理論的根拠]
クライエント　ええ、そうですね。私は生まれてこのかた、ずっとこんな感じなんです。
セラピスト　そうすると、ここで求めているのは……これは何でしょうか、涙が出てくると、どのようなことを感じますか？　とてもひとりぼっちに感じますか？　どんな感じ……[共感的探索]
クライエント　たぶん、そうだと思います。ただ、疲れている。
セラピスト　がんばることにくたびれて。[共感的肯定]
クライエント　ええ、考えるのにくたびれました。時々頭がいっぱいになるんです。スイッチを切るみたいに止められたらなあ。考えたくないので、眠ってしまいたいと思うことがとても多いです。
セラピスト　ええ、ええ、でも、起こることは考えずにはいられないし、それが頭のなかをぐるぐる回っている。
クライエント　いつだってそうです。
セラピスト　いつも未解決の感情があって、何度も繰り返されるのですね。たくさんの感情の荷物をいつも背負っているみたいに。ご家族とのとてもつらい過去について話してきましたが、それが今もうごめいているようなのですね。私たちが今後取り組むことのひとつは、その体験を整理して完了することになるだろうと思います。[理論的根拠]

　ここでセラピストは、感情は情報を提供するとともに、思考をもたらすという理論的根拠を説明している。加えて、セラピストはクライエントの話に耳を傾けているとき、痛みのコンパスにしたがって、長く続いている痛みをクライエントがはっきりと表わすのを手伝っている。クライエントは、家族から支えられ、受け入れられたいという要求について話している。すると強い気持ちを表わし、そんなことは絶対に実現しないし、結局自分はそのような支えを受けるだけの価値がないという考えが出てきて、感情に圧倒されている。

クライエント　何度も自分に同じことを言い聞かせて、信じ込むようにしているんです。たしかにそうなんだと思うし、関係を修復することなんてできないでしょう。いや、どうだっていいんです。修復したいだなんて思いません……私は愛されていないし、あの人たちほど立派な人間ではないし、人生は混沌としていて、きょうだいたちはうまくやっている。私よりずっと良い生活をしているようだし。

彼女の絶望感の中心には、甚大な孤独感と無価値感があった。彼女は愛されていないと感じ、だめな人間であると感じていただけでなく、自分にできることは何もなく、変わることなどありえないと感じていた。

セラピストはクライエントの話に耳を傾け、課題への取り組みにつながる指標に波長を合わせるようにする。初回面接でセラピストは2つの指標に耳を傾けている。1つは未完了の体験に関連していて、家族にひどい扱いを受けているという気持ちである。もう1つは自己批判的な分離であり、自分自身はでき損ないで愛情を得る権利がないとみなす自分と、愛情と受容を求める自分との分離である。これらの指標は面接の早い段階で生じているため、ここでは、これらの指標は簡単に言及されるにとどまっている。

クライエント　自分がだめな人間だなんて思いません。表面的にそう思うことはありますけど、心の奥底ではそんなふうには思っていません。そうなる理由なんてありません。これまで強姦も殺人も銀行強盗もしたことがないし、馬鹿なことだってしていませんし。家族にこんなふうに言われる理由なんて、何ひとつないんです。

セラピスト　とすると、ある意味では、家族から得られなかったものを嘆き悲しむようなことなんですね。なぜなら、こうおっしゃっているように聞こえます。「私はもっとふさわしい扱いを受ける権利がある。私はろくでもない人間ではない。これまで得られなかったものがあった。それは本当に悲しく感じる。私には、それをもっと受ける権利がある」と。

［未完了の体験を反射する］
クライエント　ええ、そうだと思います、ええ。
セラピスト　その悲しみは、これまでどうしても得られなかったものすべてに対する悲しみのようです。そして、怒りもあるんですね（クライエントがうなずく）。ある部分では、もっと多くを求めてもいいとおっしゃってもいます。それはどれくらい強いものですか？

セッション3では、大学に再入学するかもしれないとクライエントが話している際に、自己批判の指標が再び現れる。しかし彼女は、姉妹たちが言うところのさらなる「失敗」につながる可能性に直面して、すぐに絶望的になっている。この時点で、セラピストはもうひとつの椅子に彼女の姉妹を座らせ、二つの椅子の対話に導いている。これは自分ではなく他者との対話ではあるが、投影された自己批判として捉えられる。なぜなら、姉妹からの批判に対して過度に敏感であることから、クライエントの内在化された批判が姉妹に投影されているか、姉妹に原因があると示唆されるからである。姉妹からの批判は、クライエントの内なる批判者を活性化し、害を及ぼしている。批判に対して、彼女の自己は二次的な絶望感の状態に崩れている。

クライエント　ええ、支えられている感じなんてしません。劣等感を抱いていて、自尊心なんてないように思うし、これ以上家族とどうこうしたいとは思いません。ええ、姉妹の言う通り、私は姉妹ほど優れていません。姉妹の勝ち、その通りです。それでかまいません。だから放っておいてください。

セッション4で、彼女は父親との過去を語る。彼女は父からいかなる承認も受けたことがないと述べている。それを聞いて、セラピストは父親との未完了の体験に取り組むために空の椅子の対話を開始する。

クライエント　私は自分がだめな人間だと思います。でも、心の奥底ではそんなことは思っていない……ええ、得られなかったことは悲しいことだし、この先も得られないとわかっています。

　セラピスト　（椅子を指さして）こっちにお父さんが座っていると想像して伝えてください。お父さんがどんなふうにあなたをだめ人間のような気持ちにさせているか、伝えてください。[空の椅子の対話を始める]

　クライエント　私の気持ちをめちゃくちゃにしたわ。私の人生をぶち壊した。全部お父さんだけのせいだとは言わないけど、でも、これまでの人生で私を育てたり助けたりするようなことを何ひとつしてくれなかった。全く何もしてくれなかったじゃない。一定の期間だけ食べ物と衣服を与えてくれた、ただそれだけよ。

　セラピスト　お前には悪魔が憑いているから教会へ突き出すぞって言われてどう感じたか、お父さんに伝えてください。[プロセス指示]

　クライエント　もう最悪。子どものとき、いつも自分がだめな人間のような気がしていた。お父さんがそうしたのよ。今はそう思わないけど、子どものときは、私はだめな人間だから死んで地獄に行くんだろうって思っていたわ。

　このセッションが終わるまでに、テーマとなる個人内および対人関係の問題がはっきりと現われた。それらの問題には、彼女が語る最も痛ましい体験に埋め込まれていることが明らかである。第一に、クライエントは自己批判を内在化させてきた。これは、家族関係のなかで現われる、自分が"でき損ない"だという一連の問題と関連している。"でき損ない"や"無価値"というこの声は、最初は姉妹に由来するものと同定されてきたが、明らかに幼少期の両親との関係に起源がある。このことは、セラピーの後半でさらに明白になる。そして愛情の要求は、彼女の自己批判や、承認への要求に関連しているようである。愛情は、彼女の人生において最も得難いものだった。彼女はこの愛情の要求を中断して、認めなくて済む方法を身につけてきた。なぜなら、この要求は彼女を傷つきやすく孤独な気持ちにさせ

るからである。彼女は人に頼らないことを学んできた。こうした独立心は、絶望感、支えのなさ、孤立感につながっている。愛情の要求は父親との未完了の体験に関連しており、これは幼少期の関係に端を発している。子どものときの虐待について、父親に対して非常に強い憤りを抱いている。そしてまた、彼女はその経験を過小評価する傾向がある（「平手打ちされるのはごく普通のことでした」）。彼女はこれを"無価値感"や"愛されない自分"として内在化してきた。これらの内在化された問題は、内的葛藤分離に対する二つの椅子の作業と、重要な他者による未解決の傷つきに対処するための空の椅子の作業という感情処理課題に取り組む指標となっている。

　こうしたテーマは、感情処理課題への取り組みを通じて、引き続き焦点が当てられている。セッション5における自己批判の対話で、クライエントは批判に対する嫌悪感を、両親から受けた批判に結び付けている。

クライエント　（両親の声で、内在化された批判として話す）そう、お前は間違っている。ろくでなしなんだ、お前は。何をやらせてもだめだ。何を頼んでも言った通りにできたためしがないし、何も満足にできない。時間通りにできたこともない。自分でもそうだとわかっているだろう。お前がやることなすことすべて間違ってる。

セラピスト　はい、それではこちらの椅子（体験者の椅子）に移ってもらえますか。そう言われて本当に心が痛むでしょう。

クライエント　落ち込んでいるときは、そう思い込んではいます。心の底からそう思うんです。自分はろくでなしで、間違っていて、負け犬だって。大げさな言葉ですよね、負け犬って。でも、何度も同じ体験をしてきて、本当に負け犬なんです。どうして私には普通の人生が送れないんでしょうか。とにかく、こうした気持ちをずっと抱いてきました。

セラピスト　こちら（批判者）に言ってやってください、あなたをどんな気持ちにさせるかを。

クライエント　最悪な気分になる。悲しい気持ちになるわ。愛されていな

いし、人を愛すこともできないんだという気持ちになる。そう、私なんて生まれてこなければよかったって、そんな気持ちにさせられる。

この対話の後半で、彼女は批判者に向かって次のように言う。

　クライエント　愛されているとわかっているの。いつもわかっていた。以前は信じていなかったけど。自分は愛されてると思えるようになってきたの。それはただ……家族が愛してくれないことに怒るのではなくて、私の両親には、ただ人を愛する素質がないだけ、そのことを受け入れます。私だけじゃなくて、姉妹にもなんです。たとえ愛する力があったとしても、私だけを愛さないで姉妹は愛していたという感じではなかったし、私たちは誰一人、普通の親の愛情というものを全く受けてこなかった。

この瞬間、愛されないという中核的感情と、愛される価値がなかったという信念に疑問がもたれるようになる。批判的な声は優しくなりはじめ、今まで愛されてこなかったことへの悲しみと、自己価値感の両方が批判者との対話で現われている。

　クライエント　お母さんとお父さんは愛してくれなかったし、少しも愛情を示してくれなかった。でもそれは、私が愛されない存在だからではなく、単に両親がそういう感情を身につけていなかっただけ。二人ともその方法を知らない。今でも、どうやって人を愛したらいいのかわかっていない。

このクライエントは、面接初期には非常に優勢であった絶望をこの時点で体験しなくなっている。

それから続けて、クライエントとセラピストは、愛情の要求がどのようにクライエントを傷つけ痛みを与えていたか、また、これらの要求を中断

4　セラピーのプロセス　123

することでいかに孤立と孤独へと追いやられてきたかを明らかにしている。セッション7から9にかけて、クライエントは自分の体験に対する2つの異なる側面を継続して探っていった。1つは、要求をコントロールして遮断することで彼女を保護しようとする批判者の自己である。もう1つは、愛され受け容れられたいという体験者の自己である。彼女は両方の声を明確にして、両方の声から語り、さまざまな悲しみ、怒り、痛み、傷つきを表わしていた。面接初期に優勢であった絶望はもはやほとんどないに等しかった。愛情と受容を必要とする体験者の声が強くなり、批判者は和らいで体験者の自己を受容し、体験者に向けて思いやりの気持ちを表わすようになっていった。それと同時に、彼女は面接初期よりもずっと気分が改善し、抑うつの程度が軽減していた。

　セラピーのもうひとつのテーマは、父親が関係した問題であった。父親は、傷つきや怒り、無価値感、愛されない存在だという気持ちを喚起する人物だった。セッション3における転換点となった重要な対話で、彼女は父親にこう話しかけている。

　クライエント　愛してもらえなくて、とっても傷ついているの。そうでしょ、でも……怒ってるのよ。愛してほしかったけど、そばにいてくれなかったし、少しも愛してくれなかった。

　彼女はその後、恐怖にまつわる父親像について話している。

　クライエント　さみしかった。父のことは全然知りませんでした。父について知っていることと言えば、いつも怒鳴りつけて殴る人だったということです。それがすべて……。愛してるとか、気にかけているとか、私が学校でどうしてるのか、ちゃんと生活できているのか心配だとか、そういうことを言ってくれた覚えはありません。ただ父のことを恐れていた、ということです。
　セラピスト　殴られることがどれほど怖かったか、お父さんに伝えてくだ

さい。

クライエント　ええ、お父さんは私を侮辱した。お父さんに怒っているの。なぜって、いつも私を殴ったから。お父さんはとても卑怯だった。ヒトラーは卑怯だと聞いてから、私はお父さんのことをヒトラーと呼んでいたわ。

このセッションの後半で、彼女は、愛されていないという苦痛を伴う感覚をいかに遮断してきたかを語っている。

クライエント　たったひとつの対処法は、冗談にすることなんです。それが役に立つんです。深刻になりすぎると、とても気分が落ち込んで何もできなくなるから、冗談にしてしまうのが助けになるんです。だから私は笑い飛ばすことを学んだし、皮肉を込めたユーモアを言ったり、すれた目で物事を見たりするんだと思います。
セラピスト　笑顔を装っているからこそ、そこにたくさんの傷つきとたくさんの憎しみがおありなのでしょう。

彼女は未完了の体験の対話で、怒りを表わしつづける。

クライエント　お父さんなんか大嫌いよ。大嫌い、はっきりそう言えるわ。何年もずっと大嫌いだった。頭に来るのは、親戚の集まりでお父さんに会うと、私はとても良い気分ではいられないっていうのに、お父さんはそれまで何もなかったみたいにしていることよ。

このセッションの後半で、彼女は、父親に対して痛みと傷つきを表わしている。「いつも考えてるの、そう、お父さんは決して親になることはないだろうって。電話をかけてきて、元気にやってるか？　なんて聞いてくれることはないわね。お父さんが愛してくれなくて、私は傷ついてる。そう、ええ、わかるでしょ」。彼女はそのセッションの終わりに、自分が必

要としていたのは受け入れてもらうことだったと気づいた。「私は子どもの頃、時々抱きしめてもらったり、心配しなくていいんだよと言ってもらいたかった。それは普通のことだと思うわ」。

プライドと怒りの両方に接触し、喪失を悲しむことによって、彼女の中核的恥は打ち消された（Greenberg, 2002）。それによってクライエントは、父親の愛がなかったのは自分には愛される価値がないからだ、という信念を変容させはじめた。彼女は空の椅子に座っている父親に対して次のように言っている。

> **クライエント** 怒っているのよ。だって、お父さんは自分が良い父親だったと思っている。お父さんは私たちを殴ったことはないって言ったことがあるけど、そんなのこの世で一番の大うそじゃない。四六時中、私たちのことをたたきのめしていたじゃない。お父さんは少しも愛してくれなかった。愛したことなんて少しもなかった。掃除や家事をするとき以外、私たちを認めることなんてなかったわ。

怒りと悲しみが処理され、恥が変容すると、彼女は父親に対して、思いやりと理解を示す態度を取るようになる。セッション10の父親との空の椅子の対話で、彼女はこう言っている。

> **クライエント** 今までの人生でたくさんの痛みを経験してきて、この痛みや、目にしてきたことがきっかけで、世間から引きこもるようになったのだと思うわ。しっかり愛情を注ぐことや、人と親しくなりすぎることが怖いんでしょう？　愛する人や親しい人を失うかもしれないから。今だからそれがわかるわ。子どもの頃はわからなかったけど。

父親に失望させられ傷つけられてきた理由についての理解が進むと同時に、父親の内的な苦悩についての新しい理解が生まれてくるなかで、クライエントは思いやりを抱くようにもなっていく。

クライエント （強制収容所の犠牲者であることが）大きな影響を与えているのよね。お父さんは 10 代を戦争捕虜として過ごした。それはどうみてもずっと影響を及ぼしていた。それからも人生は続いて、結婚をして、最初のうちは良かったんだと思うわ。そうでしょ、一時は、お母さんとお父さんは心からお互いを愛していたのだと思う。でも、お母さんの飲酒があって、たぶん、お父さんは自分の人生に怒っていたのだと思うわ。それで、自分の子ども、息子を失くして、物事に対して冷たくなって、感じなくなって、人を支えることもなくなった。でも、それはお父さんが望んでいたことではなかったんでしょう？　どうしたらいいか、わからないんでしょう？　心から理解できるわ、お父さんの痛みを感じようとすることができるし、お父さんは最善を尽くしたことがわかるわ。

セッションの最後でこれらの対話について話しているとき、クライエントは次のように言っている。「私の胸に居座っていたこの怒りが、今はもうないことにほっとしています」。彼女は、父親が与えるべきものをもはや何ももっていないことを、いかに受け入れられたかを話している。これがプライドの気持ちを導き、それまでの怒りの気持ちを克服した喜びの気持ちを導いている。「私は愛される価値がない」という恥を基盤とした中核的な不適応信念は変容した。父親が人生のなかで自分自身の痛みを体験したこと、その痛みによってクライエントや姉妹に愛情をもって接することができなくなったことなどが、感情的な意味合いも含めて理解できるようになった。愛されたいという要求はもはや絶望感を引き起こすことはなくなった。強い感情に声を与えることで、自分には愛される価値があると認められるようになり、また人生のこの時点で父親が自分に与えるべきだったものが何であるのかということも、納得できるようになった。自分の要求にはっきり気づく能力、"でき損ない"という気持ちから自分自身を守る能力、そして、姉妹と親しくする能力もまた大きく培われている。

✐ EFT アプローチを用いるときに直面する障壁や問題

　感情を強く抑えたり、非常に抑制的で自意識が高い人は、自身の感情に接触したりロールプレイや行為化・実演（enactment）を行なうのが難しい。加えて、すぐに問題の解決策を得ようとする人は、探索のプロセスを受け入れにくい。このように目標と課題に関する合意が容易に得られないときには、作業同盟の問題が生じやすい。EFT の関係原則はクライエントの状態に合わせることにあり、強制的に押し付けるようなことはしない。したがって、とても理性的な人に対しては、まず理性的な水準で接触した後に、感情へと導いていく。すぐに症状から解放される必要があり、本人もそれを望んでいるクライエントに対しては、より行動的な方法で取り組み、その第一歩として対処方略を提供する。しかし、あくまで EFT の目標は、根底にある痛みを伴う感情に焦点を当て、より深いレベルでの変容に到達することにある。

　さらに、感情調整不全が深刻であったり、自傷行為をしたり、複雑なトラウマ歴があるような、非常に傷つきやすい状態にあるクライエントにとっては、恐ろしく痛々しく傷つきやすい状態になることや、恥や自己嫌悪に直面することが、過重な負担と感じられることがある。この場合、感情へと入り込む前に、安全感と感情調整能力を育む必要がある。こうしたクライエントにとって、最初の治療法として EFT は適さない場合もある。

✐ EFT における性差や文化差

　性差や文化差への配慮によって、感情に取り組むことが難しくなる。むしろ、感情に取り組む時期を考慮して EFT の介入を調整するための情報となる。多くの研究から、感情は万人に共通する普遍的な特質であること、感情体験と感情表出は文化や性によって多様であることが示されてき

た（Fischer, Rodriguez Mosquer, Van Vianen & Manstead, 2004）。たとえば、一般的に男性は女性より攻撃的であり（Buss, 2003）、女性は男性より共感的であることが示されてきた。さらに、女性は、ポジティブ感情とネガティブ感情の両方を男性より強く報告するだけでなく、喜びと愛情をより強く、より頻繁に体験することがわかっている。しかしまた、女性のほうが困惑、罪悪感、恥、悲しみ、怒り、恐怖、苦痛を体験する。男性は女性よりもプライドを頻繁に、また強く体験するようである（Brody, Lovas & Hay, 1995 ; Feingold, 1994）。

　文化は性差に影響を及ぼす。また、文化と性差はともに感情の表わし方に影響を与える。感情表出の差は、それぞれの文化における男性と女性の社会的役割、地位と権力、文化的価値観によって部分的に説明されるだろう（Brody et al., 1995）。社会秩序と調和の維持を重視する文化では、性差にかかわらず、自律と平等に価値を置く文化よりも感情が抑制されることがわかっている（Matsumoto, Yoo & Nakagawa, 2008）。またアメリカ人と比べて日本人は、人を引き離す感情（disengaging emotions：誇り、怒り——Kitayama, Mesquita & Karasawa, 2006）よりも、人を引き付ける感情（engaging emotions：友好感、罪悪感）を強く体験する全般的な傾向がある。一方で、日本の感情表出の規則では、強い感情（怒り、侮辱、嫌悪）の表出が北アメリカほど許容されず、その規則は相手との心理的距離によって決まる（Safdar et al., 2009）。感情体験の性差や文化差に関する知識は、多様な人々と感情に取り組んでいくうえで役に立つ。しかしながら、どのような文化差や性差があるにせよ、何よりも共感的アプローチが感情体験に取り組むうえで重要である。

◢ さまざまな障害に対するEFT理論

　この節では、特定の障害——情動障害（affective disorders）、うつと不安、摂食障害（嗜癖障害）——に対するEFT理論の一般適用について取り上

げる。特に本書では、これらの障害にみられる不適応感情スキーマ、感情の気づきの欠如、感情調整の問題について検討する。一般に不安とうつは合併しやすいものである。このことから、これらの情動障害において多くのプロセスが共通していることが明らかになっている。摂食障害や他の嗜癖障害は不安とうつ症状を含む。多くの障害は、感情回避という根底にあるプロセスと、感情調整および中核的不適応感情スキーマの問題に由来するものである。

🍃 うつと不安

　弁証法的構築主義の見解によれば、うつと不安は、自己組織化プロセスにおける感情の障害（emotional disorders）として捉えられる。うつと不安は、明らかに感情に基づく症状である。自己、世界、将来についての否定的な見方や、それに伴う退却行動は、恐怖、恥、孤独、見捨てられ、怒りといった痛みを伴う中核的不適応感情の回避に対する反応であり、その結果である場合が多い。そしてまた、こうした認知や退却行動は、苦痛を伴う感情を喚起する出来事への不適応的な対処の結果でもある。

　うつの人たちは、強く元気で喜びに満ちた体験をするのではなく、傷つきやすく、欠陥があり、非難に値する存在として自己を体験し、挫折と失望によって自尊心が大きく損なわれてしまう。大きな喪失、失敗、屈辱、あるいは身動きが取れなくなることに関する感情スキーマ記憶が活性化し、絶望的で、能力がなく、価値がないものとして自己は組織化される（Greenberg & Watson, 2006）。一方で、不安は、脅威に対する自分の統制力が不確かであるときに生じる。不安に苦しむ人々は、安全、安心、自信を感じられず、自分自身を怖がりで弱く、ひとりで対処できない存在として体験し、多くの予期不安、回避、依存を伴う状況に反応する。このとき、見捨てられ、ネグレクト、対人静穏の失敗に関する感情スキーマ記憶が活性化され、救いようがなく、無能で、依存的で、安全ではないものとして自己は組織化される。

うつにみられる喪失や失敗、不安にみられる脅威やコントロール不能感に関連するストレスフルな出来事は、中核的な感情スキーマの引き金となる。このスキーマは、自己をひどく不十分で、対処できない、心もとない、非難されて当然だと考える。そしてまた、このスキーマとともに、絶望感や無力感といった二次反応を伴う感情記憶も活性化される。こうして生成される不適応感情スキーマと自己組織化は、情動障害の根底にある問題として捉えられる。恐怖と恥は、情動障害の中核にある、自己についての重要な不適応感情スキーマである。セラピーの目標は、自己が機能する能力がもてるように、その自発性を回復させることにある。それには、パーソナリティの資源に接触してそれを支える援助が必要であり、この支援によって、これらの資源はうつや不安を生み出す自己組織化を変容できるようになる。

● セラピーの概観

　傷ついた自己に対する強い侮辱と恥の気持ちは、自己批判的なうつ（self-critical depression）を形成する。また、喪失や見捨てられに対処できないという中核的な不安感は、依存的なうつ（dependent depression）を形成する（Blatt & Maroudas, 1992）。一方で、将来の破局的な状況への予期、防衛的な恐怖、基本的安全感のなさを伴う不安は、不安障害の不適応感情を形成する。喪失に対する悲しみや侵害に対する怒りの適切な処理は、うつと不安の双方のセラピーにおいて核となることが多い。EFTでは、感情体験の処理の促進に焦点を当てる。そうすることで、クライエントは、侵害に対して自分を力づける怒りや、喪失への悲しみといった、状況に対する一次適応反応に接触できるようになる。

　情動障害へのEFTのアプローチは、(a) 中核的感情体験と記憶に接触し、気づきを高め、感情体験にラベルをつけ、内省すること、(b) 別の感情反応を発展させ、機能不全となっている感情反応の変容を促進する（「感情で感情を変える」）ことが中心となる。EFTは、セラピーの安全な環境のなかであっても、痛みを伴う感情に接触し体験することに耐えられないほ

ど重症であったり、自己断片化が深刻な情動障害の人々にはあまり適していない。本書で述べられているEFTは、入院患者のクライエントではなく、外来患者として機能できる範囲のクライエントに適用できる。

◆ 不安の事例

　全般性不安障害のような不安障害に対するEFTの基本プロセスでは、まず不安を生じさせる分離（split）に取り組む。この分離は、症状として現われる不安体験によく似たものである。まず、破局視する側が片方の椅子に座り、不安の感情反応がもう片方の椅子に座る。永続する変化を促すためには、安全感のなさにまつわる中核的不適応スキーマにふれることが重要である。このスキーマは、見捨てられる恐怖であったり、失格者であるという恥に基づいていることが多い。これらの中核スキーマは未完了の体験の作業を通して接触できることが多い。そして、怒りと自己静穏の両方に接触することで、恐怖は打ち消すことができる。全般性不安障害へのEFTの一事例をこの節で示すことにしよう。

　クライエントは、ウィニフレッドという名の23歳アフリカ系アメリカ人女性であった。両親と一緒に暮らしている一人っ子で、経営学の学位取得を目指して勉強していた。夏季休暇中の短い中断を挟み、これまでに24回の面接を行なってきた。彼女は地域のクリニックで、（学校や社交場面についての）「緊張と心配」の問題と、それによる身体症状について相談していた。最初の面接で、彼女は「必要以上に不安になりすぎる」と話した。彼女は自分を「物事を考えすぎる」傾向があって「強迫的」と表現し、自分の不安を次のように語った。「どんなことでも心配してしまう。いつも「もしこうなったらどうしよう」って言ってしまうんです。いつもとんでもなく途方もない破滅的な結果になるような気がして……「雪が降って足止めされたらどうしよう!?」というように」。その結果、彼女は計画を立てることに莫大な時間を費やしていた。ウィニフレッドはこの問題をこれまでの人生でずっと抱えてきて、それがだんだん悪化していると話した。学業成績に問題はなかったが、彼女は自分の生産性や、時間を有効に

使えないことを心配していた。先延ばしがひとつの問題であった。さらに、不安は人間関係を妨げていた。過剰に用心深かったからである。たとえば、間違った言動で友だちを失うのではないかとよく心配していた——「優しく接しなかったらどうなるだろう？　友だちでいられなくなるかもしれない」。不安は健康にも影響を及ぼしていた。時折、目の痙攣があり、腹痛や下痢のような胃腸の障害がたびたび起こっていた。彼女はまた、小学校で学習障害（読み書きの障害（dyslexia））と診断されたことがあった。初回面接では不安で緊張しているようにみえたが、とても冗舌で、熱心で、協力的であった。彼女が心の問題に関心があることは明らかであった。面接中、特定の感情（悲しみ、泣くこと）を必ずしも快くは感じていなかったものの、全体的には、自由に自分の感情や体験を表現できていた。このクライエントは、全般性不安障害の診断基準を満たしていた。

　EFTにおける不安治療の目標は、根底にある不適応感情スキーマに接触し再構築することにある（Greenberg & Paivio, 1997）。面接でクライエントの不安に取り組む際、はじめにクライエントが一次不安と二次不安のどちらを体験しているのかを判断しなければならない。一次不適応不安は、脆弱で、安全感のもてない中核的自己と関連している。これは基本的な安全感のなさであり、自己が無能で保護されていないと感じた結果として生じる。他方、二次不安も安全感のなさを伴うが、これは内的体験が圧倒的なものへと発展する脅威に対する安全感のなさである。これはたとえば、怒りや悲しみについての不安、破局的な未来の想像、失敗するのではないかという予期的な恐怖である。二次不安の特徴は、将来に関する予期、想像上の危険、そして「もしこうなったらどうしよう？」という典型的な発言にある。そして、これらには拒絶されたり、しくじったり、うまくできないことへの心配のような、無力感の反応を伴う（Greenberg & Paivio, 1997）。ウィニフレッドがかなりの二次不安を体験していることは明らかだった。すでに述べたように、彼女は起こりうる危険に対する未来志向の不安を体験しており、しくじることや対人関係で拒絶されることへの不安もあり、これらの心配に対処できないという無力感を覚えていた。

EFTにおける不安への介入の第一歩は、クライエントが二次不安を引き起こすために自分自身がしていることへの気づきを「高める」ことにある。この事例の場合、ウィニフレッドは自分で自分を怖がらせている。このような場合、不安体験をいかに自分自身で生み出しているかという、クライエントの主体的プロセスとそれへの気づきが重視される。そこでは、不安を生み出す破局的な予期が特定される。二つの椅子の対話を通して、この気づきを高めることができる。クライエントが片方の椅子に座り、「心配な批判者（worry critic）」として懸念していることを表現する。クライエントはまた、これらの声に対する「自己」の反応を得るために、自己の椅子に座る（これは「自己批判の分離」に似ている。しかし、ここでは一方が他方を非難したり批判したりするのではなく「怖がらせて」いるという点で異なる）。長期的には、このプロセスを通して、中核的不適応感情スキーマや、二次反応としての不安が弁別されるようになる。

　当初、クライエントは根底にある不安が何であるか全くわかっていなかった。しかし、二つの椅子の対話を使ったセッションを2回行なった後、彼女の不安は失敗するという抑うつ感情と関連していることが明らかとなってきた。彼女の絶望感は「不安な批判者（anxiety critic）」が「もし大学で学問をしっかり修められなかったら失敗だ」と話したときに現われた。たとえば、2回目の面接で批判者は、「やるべきことが多すぎて、お前（もうひとつの椅子に座っている自分のこと）にはこなせないだろう」と話した。それに対してもうひとつの椅子に座る自分は、「不安で、希望なんて全くないように感じる……終わりが見えない」と話した。セッション6では、不安を生み出す批判者の声が、「もしお前（もうひとつの椅子に座る自分）が失敗したら、みんなに知られて拒絶されるだろう」と話した。クライエントはそれから、自分を認めない辛辣な批判者の声に接触しはじめた。やがてその批判者は「何もできない」と言い、強い絶望感を生み出していった。

　このクライエントは、学習障害と診断される以前、小学校時代に赤点を取って無力感を体験をしたことが何度かあった。当時、父親はしっかり支

えてくれるどころか、学習障害の影響を否定し、認めないことが多かった。その代わり、赤点は「十分に努力しなかった」からだということにして、悪い成績を家に持って帰ったときには、精一杯努力したかと問いただした。彼女は実際には精一杯やっていたのに赤点だったため、そうした父親の対応に対して、ひどく無力感を覚えた。詳細が明らかになるにつれて、二つの椅子の対話の最中に、不安な批判者の発言はさらに違った意味をもちはじめた。たとえば、セッション3において、彼女は学校でうまくやっている限り学習障害は「大丈夫」であったと述べていた。しかし、もし成績が悪いと、自分が「永久的に」でき損ないであるように感じて、誰にも相談できずにいた。その結果、「何もできない」ために、絶望を感じて生活していた。

　セッション7で、彼女は先延ばしに関連する葛藤分離に取り組んだ。特に、彼女の自己の一部は、もっと生産的に勉強して有効に時間を使う「べき」であると感じていた（「もっと生産的になるべき」「もっと練習すべき」）。その一方で、自己のもう一方の側は、リラックスして学校を休むことを望んでいた（「明日やればいい」「毎学期とても一生懸命勉強してるんだから休むべき」）。「批判的な」声はもう一方の自分に向かって、時間を無駄にしている、もっと効率を上げて努力すべきだ、と言った。批判者の声が具体的になるにつれて、その声は「お前は特別なことは何もしていない」、単に「他の人に紛れて隠れているだけだ」と言った。それを受けてもう一人のクライエントは、二つの椅子の対話を中断し、注目の的になることが嫌だったとセラピストに説明した。目立つことへの嫌悪感が（先延ばしの）問題の一部なのかもしれないこと、そしてそれがダイエットが失敗の一因かもしれないと話した。クライエントは、もし自分が注目の的になったら、他人に「欠点が見つかる」と述べた。セラピストは、注目を浴びることについて自分を「怖がらせる」ように彼女を促した。すると不安を生み出す批判者の側が、次のように言っている。「みんな、お前を見ている。みんな、欠点や落ち度を見つけようとしている。みんな、悪いところを見つけて笑おうとしている」。それからクライエントは「自己の椅子」

に座り、注目の的になることがどれほど恐ろしいことかを話した。これが傷つきやすさを引き出していた。「とても弱く脆く感じるんです。粉々に砕け散ってしまうんじゃないかって」。セラピストは共感的に応答した後、不安を生み出す椅子で「周囲で注目を向けてくる人々になる」ようにクライエントを促した。クライエントが自己の椅子に戻ったとき、セラピストは尋ねた。「この作業をしていて、心の内側ではどんな気持ちになりますか？（こちらの椅子の周囲の人々は）あなたをつつき回して、悪く言っていましたね」。クライエントは悲しみを示し、それから絶望感を表わした。クライエントは「私を好きになってほしいだけ、でもそうなる希望なんてない」と話した。

　クライエントが自分の悪かった点について話すのを聞いてから、セラピストは分離のワークに戻った。そのワークの残りの部分で、クライエントのなかの批判者は恥を喚起した。対話において、批判者はクライエントの性格の「悪い」ところを指摘したが、それはどれも具体的なものではなかった。（批判者の椅子の）クライエントは友人関係に多くの「ルール」をもっていたため、友達を遠ざけていたと話した。また一方で、これらのルールが、いかに自身を守ってきたかも明らかにされた。「私は、本当の友達じゃない人とつきあって、ひどく傷ついたんです」。この発言から、クライエントは過去の友人関係からくる未完了の体験を抱えていることが示唆された。しかし、この時点ではそれ以上詳しく述べられなかった。面接後にクライエントが回答したセッション評価票によると、そのセッションを「とても良かった」「とても役に立った」と評価しており、「かなりの進展」があったと報告していた。そのセッションで何が変わったのかという質問に対しては、次のような感想を書いている。「先延ばしの問題や不安は、すべて失敗する恐怖やダイエットの問題と関連しているのだと気づきました」。

　セラピーの中盤には、父親との未完了の体験についての空の椅子の対話に数回取り組んだ。これは父親に対する未解決の気持ちを処理するのに役立ち、また、失格者であるという中核感情や見捨てられる恐怖へとクライエントを導いた。これらの対話のひとつにおいて、「父親の椅子」に座っ

ているときに、彼女は次のように言った。「お前は努力が足りない。相変わらず成績が悪いのだから、8時間勉強したかどうかが問題じゃない」。学業成績に関するこの不認証に対してクライエントは「もうやっても意味がない。絶望的よ」と言った。また批判のもうひとつの主要な要素は、彼女の体重と関係していた。子どもの頃、このクライエントは少し太めで、父親は娘の健康を心配していた。そのため、彼女が運動して健康になる「意欲をもたせよう」と、運動についてあれこれ言うことが多かった。たとえば、彼女が食べる量についてコメントしたり、「たった20分しかランニングマシーンをしてないじゃないか」と指摘した。

　未完了の体験の対話における父親の批判に反応して、クライエントは父親に向けて激しい怒りと悲しみを表わした。「自分がしたことで、それなりにできたことなんてない感じがします」［悲しみ］、「言い訳はもうたくさん！　お父さんは支えてくれないじゃない！」［怒り］。その後のセッション8においてもこの対話を継続し、クライエントは満たされない要求（たとえば、「私の努力を支えて、私自身の基準を尊重してほしい」）を表わしはじめ、自分の権利を主張して、父親に責任を求めだした。この面接後のセッション評価票に、彼女は次のように記している。「もう悲しみも絶望もなくなりましたが、イライラして怒りが強くなっていることに気づきました。そしてまた、自分の問題を手放すところまで、前よりも近づいていると気づきました」。セッション14までには、このクライエントは父親からの受容と承認についての満たされない要求を手放すことができた。父親への期待を修正できたことで、彼女はいっそう穏やかで「自由」になった。事実、セッション9の最中、彼女は強い幸福感を報告している。彼女は前より落ち着いた感じがして、あまり心配しなくなり、父親に悩まされなくなったと述べた。彼女はまた、運動や勉強を自然とやりたいと思える自分に気づいた。こうした状態が翌月まで続いたため、終結のプロセスが始まった。セラピストとクライエントは（変化のプロセスを具体化し、象徴化するために）その変化のプロセスについて話し合い、再発した場合はどのように対処するかを話し合った。セッション11がセラピーの第1期の最後

のセッションとなった。

　夏季休暇明けに、クライエントはセラピーの第2期を開始した。そのときは、不必要に心配せず自信をもちつづけていること、そして父親との関係が今もうまくいっていると話した。しかし、彼女は、段々と自分のボディイメージに不満をもつようになってきたと述べた。体重よりも体型に自信をもちたいと思うようになっていた。彼女はその問題を思春期と結びつけた。その頃、彼女は体重が増えて、父親に「男子はぽっちゃりの女の子が好きじゃない」と言われた。それが不合理なものだとわかっているとは言いながらも、いまだに「頭に残っている」という。中核的で不適応的な恥は、不安の根底にある感情スキーマとしてセラピーの第1期にふれられていたが、その恥がはっきりと変容されるには至っていなかった。

　恥は明らかにボディイメージについての懸念の根底にある感情であり、このスキーマがセラピーの第2期の焦点になった。恥の感情は娘を認めない父親の発言によって生じており、彼女はそれを内在化していた。そのため、批判者のコメントは「男子はぽっちゃりの女の子が好きじゃない」とか「お前は友だちがいなくなってひとりぼっちになる」といったものであった。さらに、小学校の友だちとの未完了の体験も、恥の感情の一因となっていた。なぜなら、その友人たちは彼女に、自分は彼らの友達でいる「資格がない」という気持ちにさせていたからである（たとえば、椅子の対話でその友人となって実演したとき、「友人たち」は「あなたは欠点があるし、それを変えられないんだから、私たちの仲間に入るなんて無理よ」と言った）。結果として、彼女はひとりぼっちになることへの恐怖という二次反応を示した。第2期のセラピーは、恥の気持ちの解決にはっきりと焦点が当てられ、それは適応的なプライドに接触することによって達成された。最終的に彼女の中核的恥を変容するのに役立ったのは、自己分離に取り組むための二つの椅子の対話ではなく、自己静穏のための二つの椅子の対話とエクササイズであった。

　自己静穏の対話において、「自分はありのままで十分。だから、一人になることを恐れて、不本意な自分になる必要なんてない」と、怯える側の

自己に向かって自発的に語りかけた。セラピストは即座に、怯える側の自己に向かって、自身の好きなところを伝えるように促した。彼女は怯える側の自己に向かって、（あなたは）寛大で親切で思いやりがあると話した。そのままで十分であり、それ以上である必要はないとも伝えた。彼女は部分的に「これを取り入れる」ことができた。また別のセッションでは、恐怖の気持ちが強く活性化されたときに、クライエントは自己の椅子で「麻痺した」ように感じていた。彼女はどこか「身動きできない」ように感じていると認めた。セラピストは、彼女が自己のこの部分を象徴化して表現するのを助けた。彼女は、身動きできずに無防備な状態にさらされて傷つくのを怖がっているのは、自己の深い部分であると話した。この部分は無防備になって傷つくのを恐れており、その部分を恥じているために、表に出てくるのが怖いという部分でもあった。セラピストは椅子を使って、試しにこの身動きできない恥ずべき部分をなだめるよう彼女を促した。彼女は自分が「すばらしい」——まっとうな人間で、思いやりがあり、知的で誠実である——ことを肯定した。恥ずべき側面は「多少」このメッセージを取り入れることができ、ある程度、その姿を表に現わした。

　セッション20で、彼女は、恥ずべき部分はまだ存在するものの、以前ほど問題ではないと述べた。彼女はまた、前よりも自分自身をずっと良く思えるようになったと話した。続くセッションでは、彼女は自分が望んでいたものに気づき、これらの要求を主張できていると述べた。そうできるようになった理由を尋ねられた彼女は、自分に自信をもてるようになってきたこと、そして望んでいることを「受けるに値する」と感じはじめていると話した（たとえば、尊重されながら接してもらうこと）。彼女はまた、自分は「もう無力ではない」と話した。彼女は感謝の気持ちを表わし、椅子の作業は「今までの人生でやってきたことのなかで最高に役に立つこと」であったと述べた。

🍂 摂食障害

　摂食障害において、感情、特に苦痛を伴う感情は重要な役割をもっている。そのため「感情的な困難（emotional disturbances）」が、摂食障害の根底にあるものとして長い間認識されてきた。また、感情が摂食障害の症状の引き金になることも示されてきた（Bruch, 1073 ; C. Johnson & Larson, 1982 ; Wilson & Vitousek, 1999）。EFTのセラピストは、身体・外見・体重・体型についてのボディイメージに関する自己非難や自己嫌悪を、ネガティブ感情が身体に置き換えられたものとして理解する。多くの実証研究が、過食症と感情調整を関連づけている（Bydlowski et al., 2005 ; Kearney-Cooke & Striegel-Moore, 1997 ; Treasure, Schmidt & Troop, 2000）。

　他の衝動行為や破壊行動をする人のように、一般的に過食症の人は強い感情に対する諸反応の調整能力が損なわれている。非常に敏感で過度な感情反応システムのために、摂食障害の人は強い感情によって引き起こされる生理的覚醒に対処する能力が、自分にはほとんどないと思い込むようになる。その結果、過食症の女性は感情に圧倒されるのではないかと不安と恐怖を感じるようになる。そして感情反応が高まると、すぐにそれを止めなければという切迫感を覚え、過食と嘔吐という過剰に学習された衝動的で不適応な気分調整行動が始まる。時間の経過とともに、過食と嘔吐のパターンは自尊心や有能感を減退させ、罪悪感と恥の感情を引き起こす。これらは、健康的に感情に対処できるという信念をさらに弱め、次の過食と嘔吐のサイクルへとつながっていく。

　感情調整困難への対処として過食や拒食を用いることで、感情の調整不足（underregulation）や過剰調整（overregulation）という結果がもたらされる。たとえば、拒食症の典型的な臨床像は、非常に抑制的で、疲弊して、過剰に調整された感情状態を示すだろう。過食症の人は混沌とした未制御の感情状態を示し、過食と嘔吐に加えて、万引き、リストカット、薬物乱用のような他の衝動的行動をみせる。

　摂食障害の感情調整機能は、この患者群のなかで特徴的にみられる感情

への態度と関連している（Dolhanty & Greenberg, 2007, 2009）。それは、「感情は耐えがたく、危険で、恐るべきものであり、完全に取り除かれるか、回避されなければならない」という態度である。摂食障害は、そのための非常に効果的な手段となる。空腹は気持ちを麻痺させ、過食はその気持ちをなだめ、嘔吐は安堵をもたらす。回復の試みは、耐えがたいものとして経験され、回避されてきた気持ちに向き合うことで達成される（Federicci, 2005）。ただし、その過程では、そうした気持ちから逃避したいという欲望も伴い、それが症状の再発へとつながることもある。

　摂食障害は、感情の回避、感情の麻痺、なだめる機能の問題を含む感情調整不全である。これを踏まえて、EFT ではこの障害に対して、はっきりと感情に注目して調整していくことで、その体験を許し、クライエントが感情を受け容れ、調整し、なだめ、変容する能力を高められるように援助する（Dolhanty & Greenberg, 2007, 2009）。唯一の回復の道は強固な摂食パターンを変えるよう努力しつづけることだと考え、苦痛に対処する代替案は特にないと考えている限りは、摂食障害の人が回復への希望をもつのはなかなか難しい。むしろ、感情スキーマと自己組織化を同定し変容させていくことによって、自分が変化して摂食障害を改善できるのだという可能性に希望を見出せるようになる。

　摂食障害に対する EFT の最も重要な目標は、一次感情を覆い隠す絶望や落胆のような二次感情を乗り越えること、そして恐怖、見捨てられる悲しみ、恥といった中核的不適応感情に接近することである。不適応感情の変容と適応的な感情体験への接触は、機能不全となっている行動パターンを修正し、対処手段としての摂食障害とならずにすむ状態にするのに役立つ。これは、恥、憤怒、自己嫌悪、受動性、自己破壊的な絶望や落胆のような、解決困難に思われる痛々しい不適応感情のプロセスを完遂することで可能になる。

　感情に肯定的な EFT の姿勢は、摂食障害の人に対して特に説得力がある。EFT は感情への恐怖や、クライエントが恐れている困難な感情に直接的に取り組む。EFT は、現在の感情体験に優しく一貫して焦点を当てるこ

とによって、感情から目を背けようとするクライエントの気持ちに立ち向かい、感情は本質的に良くないものだという信念に取り組む。摂食障害のクライエントが、感情を弱め、そこから気を反らそうとすれば、感情への恐れが増幅する。一方で、感情体験とその処理は埋もれた健康的な感情に接近することを可能とする。これが修正感情体験となる。具体的には、摂食障害がなくても自分の気持ちを実際に体験し、耐えられるのだという証拠を、実体験として味わうこととなる。

　EFTでは、過食症と拒食症のクライエントとともに感情への気づきとその体験に持続的に焦点を当てる。これに加えて、自己批判分離への取り組みは、自分のボディイメージを自分で非難するという悪循環に対する即効的で効果的な介入となる。この悪循環は、さらなる重要な処理へと移る際に抵抗となることが多い。二つの椅子の対話は過食症に対して非常に効果的で、特に拒食症のクライエントにも説得力をもっている。なぜなら、拒食症のクライエントの多くはすでに内側にいる批判者に気づいており、そうしたクライエントたちはそれを「拒食の声」と呼んでいるからである。この声はルールをつくり、それに従うことを求め、ルールに反した場合には自己を非難する。そして、痩せることの追求のみが、気持ちを楽にする唯一の手段とみなされる。この悪循環に囚われた人は自分を激しく非難するようになり、太っていること、そして満足のいくダイエット目標を達成できないことで自分自身を中傷する。

　二つの椅子の対話では、自己批判による感情への影響がセッションで活性化されるよう、まず感情喚起のプロセスから始める。拒食症の声を椅子に座らせることで、新たな感情状態でこの内的批判者の声が聴こえるようになる。この分離を扱う作業は驚くほど効果があり、痛みを伴う気持ちに急速に到達し、続いて、より健康的な自己主張に到達する。喚起された感情の処理は、厳しい批判者をなだめ、身体的な自己嫌悪についての内的な対話を変容させるうえで強力な効果をもつ。内的批判者との二つの椅子の対話に取り組んでいると、空の椅子を使った未完了の体験へと移るための指標がほぼ必ず生じる。摂食障害のクライエントは、両親、特に母親につ

いて話すのを非常に嫌がる。そして摂食障害の責任は自分自身にあり、他者を責めるべきではないと感じていることが多い。

　ある拒食症のクライエントは、両親から非常に愛され大切にされてきたにもかかわらず、見捨てられる恐怖という中核的不適応感情をもっていた。彼女は、重度の拒食症の原因がその中核的不適応感情にあることに戸惑っていた。空の椅子の作業によって、母親に対する怒りと、それを表わす恐怖が混じり合っていることが明らかとなった。怒りを表わすことで、母親を失うことを恐れていたのである。この若い女性はまた、自らの自己中断にうまく気づけるようになっていき、「セラピストの話を聴いちゃだめ、だってもしあなたが回復したら、お母さんはいなくなっちゃうのよ」といった発言をすることもあった。彼女は12歳のときに拒食症を発症したが、これは、両親の口論の途中である言葉を不意に聞いてしまったことと同時に起こったことが明らかになった。その言葉を聞いて、彼女は母親が死ぬか出て行ってしまうと信じ込むようになった。彼女は、それを防ぐために何かを始めたことをはっきりと思い出した。空の椅子の作業では、両親の口論が家族や彼女の幸せに悪影響を与えたのだと、両親に対する怒りを表わした。それから彼女は、両親から独立した、大人としての役割を果たす能力を見出す作業に取り組みはじめるようになった。

結論

　EFTはプロセス研究に基づいており、実証研究に基づくさまざまなスキルがある。それは、さまざまな感情処理スタイル、感情、問題指標を区別するための観察スキルから、特定の場面に適合させたさまざまな介入スキルまで多岐にわたる。本章では、感情変容の原則、変容の段階、ケースフォーミュレーションの原則を詳しく説明してきた。さらに、これらのプロセスをさまざまな障害と関連させて論じてきた。第5章ではEFTの研究について概説する。

5 評価

　エモーション・フォーカスト・セラピー（Emotion-Focused Therapy : EFT）については、その治療効果やさまざまな治療的要素に関する研究は数多く、他の治療アプローチに比べて変容プロセスに関する研究もさかんに行なわれている（Elliott, Greenberg & Lietaer, 2004）。本章では EFT の研究基盤や評価について論じる。

✎ エビデンスに基づく心理療法

　多くのランダム化比較試験（randomized clinical trial : RCT）によって、個人およびカップルに対する EFT の有効性が実証されている（Elliott, Greenberg & Lietaer, 2004 ; S.M. Johnson, Hunsley, Greenberg & Schindler, 1999）。マニュアル化されたうつ病に対する EFT、プロセス体験療法（共感的な関係性のなかで特定の感情を喚起させる手法を用いる）は、うつ病治療に効果的であることが 3 つの研究から示されている（Goldman, Greenberg & Angus, 2006 ; Greenberg & Watson, 1998 ; Watson, Gordon, Stermac, Kalogerakos & Steckley, 2003）。共感的な来談者中心療法や認知行動療法と比較しても、EFT は同等かそれ以上に有効とされている。来談者中心療法や認知行動療法も抑うつ症状の低減に対して非常に効果的ではあるが、比較すると EFT のほうが対人関係上の問題を改善し、来談者中心療法よりも症状改善に大きく寄与し、再発防止率が非常に高い（非再発率 77% ; Ellison, Greenberg,

Goldman & Angus, 2009)。

　ヨーク大学うつ病研究Iでは、成人の大うつ病患者34名を対象として、EFTと来談者中心療法の治療効果が比較された（Greenberg & Watson, 1998）。来談者中心療法は、来談者を中心とした関係性の構築および維持と共感的反応を重視するが、それはEFTにおける中心的要素でもある。さらにEFTでは、来談者中心療法の理論に加えて特定の治療課題を実施する。具体的には、系統的喚起展開法、フォーカシング、二つの椅子の対話、空の椅子の対話などである。EFTと来談者中心療法を比べると、終結時と6カ月後のフォローアップ時で、抑うつ症状の改善に有意差はみられなかった。しかし、治療中の抑うつに対する効果や、終結時の全体的症状、自尊心、対人関係上の問題についてはEFTのほうがより効果的であった。このことから、うつ病を治療する際、適切な段階で先述の特定の治療課題を行なうことで、症状の改善を促進できるといえる。

　ヨーク大学うつ病研究Iの追試であるヨーク大学うつ病研究IIでは、大うつ病患者38名を対象に来談者中心療法とEFTが比較された（Goldman, Greenberg & Angus, 2006）。その結果、EFTの優越性を示す.71の効果量が示された。次に、群間の差の検出力を高めるため、ヨークうつ病研究のIとIIのデータを統合した。特にフォローアップ時のデータに注目し、統合したデータを用いて群間の差を検討したところ、すべての指標においてEFTと来談者中心療法との間に有意差が認められた。その差は、6カ月後および18カ月後のフォローアップ時まで維持されていた。この結果から、来談者中心的な関わりを基盤にしたEFTの積極的介入は、治療効果の向上に有効であることがさらに支持された。特筆すべき事項として、EFTを受けた群は18カ月後のフォローアップ時でも明らかに望ましい状態であった（Ellison et al., 2009）。また生存曲線からフォローアップ時の非再発率をみると、EFTを受けた群の非再発率は70%であったのに対し、セラピストとの関係性のみによる治療を受けた群の非再発率は40%であった。

　Watson et al.（2003）は、大うつ病に対するEFTと認知行動療法をRCTで比較している。66名のクライエントが、毎週の心理療法を16セッショ

ン受けたところ、抑うつ症状に対しては、群間で治療効果に有意差がみられなかった。EFT も認知行動療法も、クライエントの抑うつ症状、自尊心、身体症状、非機能的な態度の改善に効果があった。しかし、認知行動療法よりも EFT を受けたクライエントのほうが、終結時にアサーション行動が取れるようになり、過度に従順な言動も減少した。治療終結時には、悩みの原因である問題を解決するために、両群とも感情体験をよく内省するようになった。

感情的傷つき

　重要な他者から受けた感情的傷つき（emotional injury）に対する EFT は、過去の対人関係上の問題を解決するために行なわれる、虐待加害者や重要な他者との空の椅子の対話に関する系統的な研究から発展した（Greenberg & Foerster, 1996 ; Paivio & Greenberg, 1995 ; Paivio, Hall, Holowaty, Jellis & Tran, 2001）。この治療では、重要な他者との対話を行為化・実演（enactment）することによって直面化が促進される。EFT では過去から続く感情的傷つきを手放して許すことによって克服するよう促す。この介入は心理教育よりも優れていることが 2 つの研究から示されている（Greenberg, Warwar & Malcolm, 2008 ; Paivio & Greenberg, 1995）。幼少期の被虐待経験がある成人サバイバーに対するエモーション・フォーカスト・トラウマ・セラピー（Emotion-focused trauma therapy : EFTT ; Paivio & Pascual-Leone, 2010）において、治療関係とトラウマ記憶の感情プロセス処理は、共通する部分もあるがそれぞれ独自の要素をもつ変容プロセスとして捉えられるが、その治療効果が実証されている（Paivio & Nieuwenhuis, 2001）。ある研究において、EFTT を 20 週間受けたクライエントは、さまざまな面での変調が大きく改善したことがわかった。別の研究では、介入待機群はその期間中にほとんど改善がみられなかったが、その後に EFTT を受けると、すぐに介入群と同程度の顕著な改善がみられた。その効果は平均して 9 カ月後の

フォローアップ時まで維持された（Paivio & Nieuwenhuis, 2001 ; Paivio et al., 2001）。

カップルセラピー

　エモーション・フォーカスト・カップルセラピー（Emotion-focused couples therapy : Greenberg & Johnson, 1988 ; Johnson, 2004 ; Greenberg & Goldman, 2008）は、カップルがそれぞれ心の奥底にある愛着やアイデンティティに関わる感情にふれて表現してもらい、結果としてカップルの満足度を高めるのに有効とされる（Johnson & Greenberg, 1985 ; Johnson, Hunsley, Greenberg & Schindler, 1999）。関係性の問題の解決に対するエモーション・フォーカスト・カップルセラピーの妥当性は実証されており、最も効果的な治療法のひとつとされている（Alexander, Holtzworth-Munroe & Jameson, 1994 ; Baucom, Shoham, Mueser, Daiuto & Stickle, 1998 ; Johnson, Hunsley, Greenberg & Schindler, 1999）。6つの研究をもとにしたメタ分析において、EFTは1.3の効果量と70〜73％の回復率を示した（Johnson et al., 1999）。

　上記のメタ分析に含まれなかった最近の研究では、カップルに対するEFTの介入は、感情的傷つきを解消するために有効であると認められた（Greenberg, Warwar & Malcolm, 2010）。この研究では、20組のカップルが待機群に割り付けられていた。この群は、裏切られたり見捨てられたりアイデンティティまたはプライドを傷つけられたことへの怒りや傷つきが、少なくとも2年以上、未解決の状態にあるカップルであった。この問題を解決するために、これらのカップルは10〜12セッションの治療を受けた。その結果、待機群に比べて治療群は全指標で大幅な改善がみられた。症状や主訴だけではなく、カップルの満足感や信頼感、パートナーへの許しについても顕著な改善がみられた。3カ月後のフォローアップ時においても、信頼感を除いたすべての指標で改善が維持されていた（ただし、信頼感については傷つきを体験したパートナーにおいて低下していた）。治療の終結時

には、11組のカップルが完全にパートナーを許したものとみなされた。また、待機中にパートナーへの許しに向けて進展がみられたのはわずか3組であったが、介入後は6組に進展がみられた。以上のことから、EFTは短期間でカップルの問題を緩和し、パートナーへの許しを促す効果があるが、一方で改善を維持するためには追加セッションが必要である可能性も示唆された。

変容プロセス

臨床試験に加えて、EFTでは治療的変容における感情独自の役割についても実証的研究が行なわれてきた。こうした研究によって、面接中の感情覚醒と治療成果との間に一貫した関連性が示されている。どのような治療アプローチを採用していても、治療的変化を起こすためには、クライエントが感情の回避を克服し、セラピストと協力して感情に焦点を当て、セラピーのなかでその感情を探索できるようにすることが重要である（Coombs, Coleman & Jones, 2002 ; Jones & Pulos, 1993）。プロセス－アウトカム研究のレビューによると、力動的心理療法、認知療法、体験療法において、体験プロセス尺度（Experiencing Scale ; Klein, Mathieu, Gendlin & Kiesler, 1969）で測定された面接中の感情体験の程度と治療成果との間には強い関連が示されている（Castonguay, Goldfiied, Wiser, Raue & Hayes, 1996 ; Goldman, Greenberg & Pos, 2005 ; Orlinsky & Howard, 1986 ; Silberschatz, Fretter & Curtis, 1986）。これらの知見から、クライエントの身体的体験を面接中に促進し、より深く探索することは、どのような立場の心理療法においても変容を導く中核的要素であることが示唆されている。

行動療法の立場では、苦痛な刺激を引き起こしてそれに慣れ、さらに新たな情報にふれることによって、感情プロセス処理を進めていく。言い換えれば、過去の苦痛を、瞬間的かつ体験的に生じる新たな情報とともに体験するということである。一方で体験療法の立場では、感情体験に接近

して喚起させ、受容して耐えることも必要ではあるが、変化が生じるためにはそれだけでは十分とはいえない。最適な感情プロセス処理のためには、一連の感情を体験することに加えて、認知と情動を統合する必要がある（Greenberg, 2002 ; Greenberg & Pascual-Leone, 1995）。クライエントが感情体験に接触できたら、二次感情から不適応感情を経由して適応感情に至るまで、一連の感情に取り組む必要がある。また、その体験を認知的な情報として探索し、内省し、その意味を理解する必要がある。自身の要求にふれて意味を見出すことに焦点を当てていくと、最終的に適応的な内的感情資源にふれることができ、それが不適応的な状態を変容させる助けとなる。

🗨 EFTにおける体験プロセスの深さ、感情覚醒、生産性

うつ病に対するEFTのプロセス－アウトカム研究によると、治療中期の感情覚醒と、喚起された感情の内省（Warwar & Greenberg, 2000）、治療後期の感情プロセス処理の深さから（Pos, Greenberg, Goldman & Korman, 2003）、望ましい治療成果が予測される。これは、感情に注意を向けて意味を見出すことが重要であるという仮説を支持する。また、感情覚醒および喚起された感情をどの程度内省するかによって、治療の成否が分かれた。これは、感情の覚醒と感情への意味づけを組み合わせることが重要であることを示唆している（Missirlian, Toukmanian, Warwar & Greenberg, 2005 ; Warwar, 2005）。このようにEFTでは、体験し、感情を受容し、その意味を見出せるようにする一定の感情プロセス処理の有効性が示されている。

ヨーク大学うつ病研究においては、中核的なテーマを治療後半にどの程度まで体験的に扱えたのかが、症状の低減と自尊心の向上に関する重要な予測因子であることが示され、治療結果の分散の8〜16%を占めていた。これは、治療初期の体験の深まりや作業同盟による寄与率を超えていた。しかし、治療後半の体験プロセスの深まりは、対人関係上の問題の改善までは予測しなかった。クライエントの体験プロセスの潜在能力とも言える治療早期の体験プロセスの深さは、そのまま治療効果に結びついているの

ではなく、治療プロセスを通して体験プロセスがより深まっていくのかということに依拠している。これは、治療全体を通じて体験を深めることがひとつの固有の変容プロセスであり、EFTによる抑うつの軽減に不可欠であることを示している。さらに、どの程度までセラピストが体験に焦点を当てるかがクライエントの体験の深さに影響し、それが治療成果に結びつく可能性も示された（Adams & Greenberg, 1996）。Pos et al.（2003）による一連の研究からは、治療初期の感情プロセス処理が治療後期の感情プロセス処理を媒介して治療成果に影響することが示唆されている。さらにパス解析を用いた研究から、治療中期の感情プロセス処理が最も直接的に抑うつ症状や身体症状の低減を予測し、自尊心の向上も直接的に予測しうることが示された（Pos, Greenberg and Warwar, 2009）。また、作業同盟が感情プロセス処理に大きく影響し、間接的に治療成果に寄与することも明らかにされた。驚くべきことに、初回面接後に評定された最初の作業同盟も、媒介変数を介さずにすべての治療成果を予測した。以上のことから、感情プロセス処理の促進が変化を導くというEFTの変化の理論は支持されたが、初回面接でのクライエントのプロセスも治療の成否に影響する可能性が示唆された。

　面接の録音記録から感情覚醒の程度を評価した研究では、治療段階の初期・中期・後期における体験の深まりに加えて、治療中期の感情覚醒の程度が検討された（Warwar, 2003）。感情覚醒の程度は、クライエント感情覚醒尺度III（Client Emotional Arousal Scale III）（Warwar & Greenberg, 1999）によって測定された。その結果、治療中期に高得点だったクライエントは、治療終結時により多くの変化を示した。さらに、治療成果の予測因子は治療中期の感情覚醒に限らないことも示された。特に治療後期において意味の創造や問題解決のために内的体験を活用できるクライエント自身の能力（体験プロセスの深まりから評価）も、治療中期に測定された尺度得点に加えて寄与率を高めていた。このように、感情覚醒と体験を深めることは、単独ではなく組み合わされたときに、より良い治療成果の予測因子になることが示された。

面接中にクライエントが報告する感情体験の強度を検討した研究として、Perepeluk（2003）は、面接中にクライエントが報告する感情体験の強さと、望ましい治療的変化に関連がないことを明らかにした。また、クライエントの自己報告による面接中の感情体験と、面接のビデオ録画から評価される実際の感情表出は一致しなかった。たとえば、あるクライエントは面接中に強い感情的な痛みを体験したと報告したが、該当箇所をビデオによって評価したところ、表出された感情覚醒の程度は非常に低いと判断された。

　感情覚醒の頻度についての研究では、感情覚醒が適度に生じると、作業同盟によって予測される治療成果の分散寄与率が有意に高まることが示された（Carryer & Greenberg, 2010）。それまで我々がプロセス研究で注目していたのは、プロセスと成果の正の直線的関係であった。しかし、この研究からは、中程度から高度に覚醒した感情が面接の約25％の部分を占めるとき、最も治療成果が良いことが示された。生起頻度が低すぎることは感情への関わりの欠如を意味する一方で、生起頻度が高すぎることは強く喚起された感情が頻繁に生じすぎることを意味し、どちらも治療成果とは負の関係にあった。これは、あまりにも長時間または高頻度でなければ、クライエントに強くて十分な感情表出をしてもらうことは良い治療成果を予測するということである。さらに、最低限のわずかな感情覚醒しか起こらなければ、治療成果は期待できないことも明らかとなった。そのため、感情覚醒を目標にしつつもその水準に達していない表出や、十分に覚醒できずにその妨害が起こっている表出は、望ましくないことが明らかとなった。

　生産的な覚醒と非生産的な覚醒を区別する研究もある。4つの成功事例と失敗事例を用いた検討では、治療の全プロセスで測定した高頻度で強度の感情覚醒と治療成果に有意な関係はみられなかった（Greenberg, Auszra & Herrmann, 2007）。しかし、強い感情表出がなされることは、非常に良い治療成果の予測因子であった。先の研究における生産的な感情覚醒の測定法はさらに発展し、ヨーク大学うつ病研究では74名のクライエントを対象に予測的妥当性が検討された（Auszra, Greenberg & Herrmann,

2007)。感情的生産性（emotional productivity）の定義は、その時点で覚醒している感情にふれながらそれに気づくこととされ、象徴化（attending symbolization）、一致（congruence）、受容（acceptance）、主体性（agency）、調整（regulation）、分化（differentiation）の6つの特徴から操作的に定義された。感情的生産性は、治療の初期段階から作業段階、そして終結段階に向かっていくにつれて高まることが明らかにされた。治療の初期段階における感情的生産性、4セッション目の作業同盟、そして作業段階で強く表出した感情覚醒によって説明される分散に加えて、作業段階における感情的生産性が治療成果の66%を予測することが示された。以上の結果から生産的な感情処理は、これまでに研究されてきたすべての変数のなかで、最もよく治療成果を予測する因子といえる。

　感情覚醒や体験プロセスに関する上記の研究に加えて、Greenberg & Pedersen（2001）は、セッション中に感情に焦点を当てた2つの中核的な治療課題を解決することが、終結時と18カ月後のフォローアップ時の治療成果、および最も重要な指標であるフォローアップ期間中の非再発率を予測することを明らかにした。これらの中核的課題（自己の分離や未完了の体験）の解決には、ともに中核的な感情スキーマによる記憶と反応を再構成することが含まれる。これらの結果によって、セラピーにおける深い感情プロセス処理や感情スキーマの再構成が永続的変化をもたらすという仮説が支持される。

　EFTTの研究では、トラウマ治療の初期段階でクライエントが望ましいプロセスを体験することが非常に重要とされる（Paivio et al., 2001）。それによって治療の方向性が定まり、トラウマ記憶に関する感情の探索や処理に多くの時間を使えるからである。この研究から実践に対するひとつの示唆が得られたことになる。つまり、セラピーの初期段階において、痛みを伴う記憶にクライエントが感情的に関わることを促すことの重要性である。またイメージによる曝露中の感情覚醒は、変容のメカニズムの一部と考えられる。総じてこの知見は、トラウマに関する感情をクライエントがどの程度処理できるかが、一連の影響力をもつことを示唆する。つまり、トラ

ウマ症状の強さは感情覚醒や感情処理の促進を制限する要因を規定するが、これに加えて早期のイメージによる曝露課題への取り組みや、最終的にセラピー全体を通じた曝露課題の繰り返しは、すべて治療後の生活機能の指標に累積して影響を及ぼすと考えられる（Paivio et al., 2001）。

　EFTT に関する他の研究では、空の椅子の対話を用いてイメージによる直面化を促すセラピストの能力が、クライエントのより良いプロセス処理を予測している。さらに、幼少期に虐待を経験した成人サバイバーが空の椅子の対話を行なうと、作業同盟とは無関係に対人関係上の問題が改善した（Paivio, Holowaty & Hall, 2004）。これらは重要な知見であり、作業同盟に加えて感情体験の深さが治療効果に影響するという、うつ病に対する EFT の研究知見と一致している（Pos et al., 2003）。感情的な傷つきや対人関係上の問題の解決に関する 2 つの比較効果研究においても、感情処理についての検討がなされている。イメージのなかで重要な他者と接触しているときの感情覚醒の高まりは、心理教育的な治療と EFT を区別するプロセス因子であり、治療成果とも関連していた（Greenberg & Malcolm, 2002 ; Greenberg, Warwar & Malcolm, 2008 ; Paivio & Greenberg, 1995）。

　カップルセラピーに関する研究も、関係性の満足感や治療的変化を促す際に、感情への気づきや感情表出が果たす役割があることを支持している。面接中に強い感情体験を表わしたカップルは、体験が深まらなかったカップルに比べて、パートナーの態度に対する非難が和らぎ、より親和的に関わり合い、より満足のいく終結を迎えた（Greenberg, Ford, Alden & Johnson, 1993 ; Johnson & Greenberg, 1988 ; Makinen & Johnson, 2006）。家族間の葛藤の解決に対しても、心の奥にある感情を表出することに同様の効果が認められている（Diamond & Liddle, 1996）。カップルに対する EFT の文脈では、心の奥にある傷つきやすさや弱さを開示することも、セッションの成果や最終的な成果との関連がみられた。他の研究でも、心の奥にある傷つきやすさや弱さを開示したセッションは、総合的な面接成果を評定する比較対象となったセッションより、カップルに高く評価された（McKinnon & Greenberg, 2002）。さらに、面接中に心の奥にある傷つきやすさや弱さを開

示したパートナーは、開示しなかったパートナーと比べて、問題解決の指標や理解の指標が有意に高かった。心の奥にある傷つきやすさや弱さを開示することで、終結時の関係性に関する満足感もかなり高まる結果となった。

🔹 プロセス-アウトカム研究のまとめ

　心理療法研究のエビデンスによれば、以下の点が治療的変容のために重要とされる。すなわち、支持的な関係性のなかで感情体験が喚起され、特定の感情の気づきや覚醒が促進され、意識的・認知的に処理される。これは診断群や問題の種類にかかわらず示されている。また、感情は適応的でも不適応的でもあることが示されてきた。セラピーにおいて感情は、道しるべとしてそれに接触し、活用することもあれば、調整され、修正されなければならないこともある。セラピーにおける感情の認知的処理の役割には2つの要素があり、1つは感情の意味を見出すことで、もう1つは感情を調整することである。

　感情覚醒や感情表出の喚起の有効性について、世界共通の基準は存在しえない。感情覚醒や感情表出はたしかに有益ではあるが、つねにセラピーや人生において役立つとは限らない（Greenberg, Korman & Paivio, 2001）。役立つかどうかは、そもそもクライエントが感情を抑制しすぎているのか、それとも感情調整が不十分なのかということや、その感情が苦痛のサインなのか、それとも苦痛に取り組んでいるサインなのかといった要因によって異なる（Greenberg, 2002 ; Kennedy-Moore & Watson, 1999）。感情覚醒の役割や治療上の有効性についても、どんな感情が、誰によって、どんな問題について、どのように、誰に向けて、いつ、どのような条件のもとで表出されるのか、そして、その感情の表出後に他の感情体験や意味の創造がどのように続くのか、ということが重要になる（Greenberg, 2002 ; Whelton, 2004）。感情覚醒だけではなく、喚起された感情がどのように処理されるのかが最も結果を予測する。自分の感情に接触しながら、それに気づける（すなわちマインドフルな）クライエントは、他のクライエントに比べて

より良い成果が得られる。感情プロセス処理は、感情覚醒によって媒介されることが実証されている。つまり、効果的な感情プロセス処理を促すためには、苦痛な感情体験を喚起して、クライエントに感情的に体験してもらう必要がある。感情覚醒は治療を進めるうえで不可欠であるが、必ずもそれだけでは十分とはいえない。

感情の変容プロセスに関する研究

　全般的苦悩の解決を目的とした感情プロセス処理の段階を検討する課題分析から、修正体験のモデルが生み出された。このモデルは、全般的苦悩を出発点として、恐怖や恥、攻撃的な怒りを経て、否定的な自己評価に辿り着き、要求を明確に表わすという枢要な段階に移る流れを描く。全般的苦悩を解消するためには、主張的な怒り、自己静穏、傷つき、悲嘆へと移行する必要がある（A. Pascual-Leone & Greenberg, 2007）。情動－意味の状態分類尺度（Classification of Affective-Meaning States）という、モデルの構成要素を同定する尺度も開発されている（A. Pascual-Leone & Greenberg, 2007）。全般的苦悩は強く自覚されているが、認知的に処理されておらず、意味のない感情と定義される。このモデルは、全般的苦悩を抱えた 34 名のクライエントを対象に検証された。その結果、感情プロセス処理のモデルは面接成果を予測することが示された。そしてモデルのなかで記述された個々の感情は、予測された順に生起することも示された。

　個人の評価や再評価の水準についての中間モデルの構成要素は、面接の成否を分かつ決定因であることが示された。全般的苦悩がみられた面接場面において、否定的な自己評価や恐怖・恥に関するクライエントの発話は、その解決／未解決にかかわらず、ほぼ同数見られた。一方で、自分は価値がある、愛される、安全である、活気があると感じたいという要求を心から表わすことは、面接の成功を予測していた。

　この結果は変化の段階に関する EFT の理論モデル（Greenberg & Paivio,

1997）と一致する。またこの結果は、しっかりと感じられた「心からの要求（heartfelt need）」、すなわち愛着、認証、個人の主体性、生存への願望を具体的に表わすことが、深い適応的な感情体験に対して重要だとする EFT の見解も支持する（Greenberg, 2002 ; Greenberg & Paivio, 1997 ; Greenberg, Rice & Elliott, 1993）。このモデルに関する別の研究では（A. Pascual-Leone, 2009）、感情の動的展開が時間の経過のなかでどのように積み上げられて、感情プロセス処理がセッション中に前進するのかを検討した。その結果、効果的な感情プロセス処理は、「二歩進んで一歩下がる」というプロセスで、堅実に前進することが示された。また、解決を促す出来事が起こると、感情的に崩れて後退していく時間はだんだんと短くなるが、セッション中に望ましくない事態が起これば、正反対のことが起こることも明らかにされた。

特定の治療課題に関する研究

前節で概観した一般的な治療プロセスの研究以外に、EFT の中核となる治療課題についての研究も行なわれている。個々の課題は、クライエントの準備が整ったことを示す特定の指標、一連のセラピストの言動やクライエントのセッション中のマイクロプロセス、そして解決の定義によって特徴づけられる（Greenberg, Rice & Elliott, 1993）。主要な技法に関する研究を以下に見ていこう。

葛藤分離に対する二つの椅子の対話

二つの椅子の対話によってクライエントが変化するプロセスを集中的に分析することで、分離の解決に不可欠な要素を示すモデルが発展してきた（Greenberg, 1979, 1980）。Greenberg & Webster（1982）では、二つの椅子の対話において辛辣な批判が和らぐことで、葛藤が軽減されるという解決が

予測された。二つの椅子の課題の成功に関する3段階モデル（Greenberg, 1983）を支持する実証的な知見も得られた（Mackay, 1996）。この3段階モデルは、対立（葛藤）、融和（軟化して相互理解を示す）、統合（相互に満足できる妥協点に至る）からなる。Sicoli & Hallberg（1998）は、ゲシュタルト療法の二つの椅子の技法を用いて、これを初めて体験するクライエントのセッション中の行動を調査した。批判が全く和らがなかったセッションに比べて、批判が和らいだセッションでは、全体的に「欲求や要求（wants and needs）」がより頻繁に表わされていた。一方、Whelton & Greenberg（2005）では、抑うつ傾向と、批判に対する恥（contempt）の強さやレジリエンスの低さとの関連が示された。

🐟 未完了の体験に対する空の椅子の対話

2つの予備調査では、共感よりも空の椅子の対話のほうが未完了の体験を解決するために有効であることが、面接プロセスの評価と面接成果の両方から示された（Greenberg & Foerster, 1996）。また、空の椅子の対話が未完了の体験の解決に及ぼす影響について比較効果研究が行なわれた。心理教育グループの介入に比べて、空の椅子の介入を用いる個人セラピーは、症状や対人関係上の問題の改善、主訴に関わる不快感の低減、未完了の体験の解決に対してより効果的であることが示された（Paivio & Greenberg, 1995）。Beutler et al.（1991）は、過度に怒りを抑制しているクライエントのセラピーにおいて、この対話を用いた怒りの表出が、痛みや抑うつに取り組むうえで有効であることを実証した。

空の椅子の対話によってクライエントが変化するプロセスを詳細にわたり分析することで、未完了の体験の解決に不可欠な要素を示すモデルが発展してきた（Greenberg, 1991 ; Greenberg & Foerster, 1996）。このモデルは解決に関わる要素を同定した（Greenberg, Rice & Elliott, 1993）。解決のプロセスにおいて、非難や不満、傷つきを表わすことを通じて、未解決の感情が喚起されて表出されるようになる。やがてそれまで満たされなかった対人

関係上の要求が喚起される。対話がうまく進むと、その他者に対する見方が変わり、他者が新たなやり方で演じられる。つまり、より自己肯定的な姿勢を取るようになり、その他者に理解を示し許したり、相手が取るべき責任を預けることによって、最終的に解決が起こる。

　Greenberg & Foerster（1996）は、モデルの4要素（感情の強い表出、要求の表現、他者表象の変化、自己認証あるいは他者理解）が、解決の成否を分かつことを明らかにした。McMain（1996）は、自己表象の変化が望ましい治療成果を予測することを発見した。特に、自己自律性（self-autonomy）や自己親和性（self-affiliation）、そして重要な他者に対する肯定的な反応の増加は、治療終結直後および4カ月後のフォローアップ時の治療成果を予測した。また、他者に対して新たな見方がもてるようになることよりも、要求を適切に主張できるほうが、より良い治療成果の予測因子であることが示された。虐待の事例では、他者に対する見方の変化を伴わずに解決に至ることもあった（McMain, 1996 ; McMain, Goldman & Greenberg, 1996）。同じサンプルから、治療初期の対人関係上の問題が作業同盟を予測することも明らかにされた（Paivio & Bahr, 1998）。

　Greenberg & Malcolm（2002）は、クライエントがモデルの流れに沿って重要な他者との未完了の課題を解決した場合、症状の苦痛、対人関係上の問題、自己に対する親しみ、未完了の体験の程度、そして目標である主訴に関して、より大きく改善することを示した。このことから、モデルの要素には、成果に結びつく臨床的に重要なプロセスが含まれることが示唆された。また、解決群のクライエントにおいて、強い感情の表出が有意に多いことも明らかになった。さらに、解決群のほぼすべてのクライエントにおいて、対人関係上の要求が生じ、他者に対する見方が変化したのに対し、未解決群で他者に対する見方が変わったクライエントはいなかった。以上の結果から、この課題では感情の喚起が重要であることが示された。また、これまで満たされなかった対人関係上の要求を同定して表わし、他者に対する見方の変化を経験したクライエントは、このようなプロセスを経なかったクライエントよりも変化したことも示された。

最後に、幼少期の虐待に関する研究では、クライエントが空の椅子の対話で加害者にイメージのなかで十分に直面化できたかどうかで、結果が大きく異なることが示された（Paivio, Hall, Holowaty, Jellis & Tran, 2001）。イメージ上での直面化を十分に行なえたクライエントは、身体的虐待やネグレクトをした他者に関する問題が大きく改善し、虐待に関する現在の主訴についての不快感が低減した。これらの先行研究は、空の椅子の課題でクライエントが感情や満たされていない要求をどの程度表現できるかが、重要な他者との未完了の課題解決を予測するという確かなエビデンスを示す。

🍃 問題反応の喚起展開法

　Watson & Rennie（1994）は、問題反応を探索する際のクライエントの主観的な体験を知るために、録音テープを用いた対人プロセス想起法を採用して検討した。その結果、クライエントは2つの主要な活動を交互に行なっていることが明らかになった。それは、自身の体験を象徴的に表わすことと、内省的な自己吟味（reflexive self-examination）をすることである。さらにWatson（1996）は、解決に至らないセッションと比べ、解決に至るセッションではクライエントが問題状況について語り、感情的な反応を分化させたときに起こる言語表現機能（referential activity）[2]が高水準で生じるという特徴を明らかにした。また、これらのセッションにおいてクライエントは、問題状況を鮮明に描写した直後に気分の変化が起こったと報告している。この2つの研究から、鮮明な描写によってセッション中のクライエントの感情喚起が促進され、変化のプロセスにおいて自己内省が進むことが示された。これらの知見は、状況を鮮明に思い起こさせることと、それに続いてクライエントの主観的な体験を分化させることが、生産的な治療プロセスにおいて必要不可欠であり、かつそれらは異なる二側面であるという見解が妥当なものであることを示している。これらは特に問題反応を解決するうえで重要な段階である（Greenberg, Rice & Elliott, 1993 ; Rice & Saperia, 1984）。

🍃 不明瞭または痛みを伴うフェルト・センスのフォーカシング

　日本、北アメリカ、ヨーロッパにおける研究において、フォーカシングの効果を高める要因が見出されている。たとえば、Hendricks（2009）は、クリアリング・スペース、適切な距離を見つけること、リスナーに自分の体験に注意を向けてもらうことが、いずれもクライエントの集中を助けると報告している。Iberg（1996）は、クライエントの報告によると、セラピストが内的体験に焦点を当てる質問をしたセッションの影響が大きいことを明らかにした。Leijssen（1996）は、望ましい来談者中心的な面接の75％にフォーカシングの手法が含まれているのに対し、望ましくない面接では33％しか含まれていないことを示した。また Leijssen（1996）は、長期治療を受けているが停滞状態にあると思われるクライエントが、体験の水準を深めるためにフォーカシングを学べるかどうかを検討している。その結果、研究に参加した4名のクライエントのうち、2名は体験の水準を深めていた。一方で、残りの2名のクライエントは、フォーカシング訓練後も以前の体験の水準に戻っていた。この2名は、ともに以前のセラピストに対する不満を表わし、フォーカシング・トレーナーとの継続面接を希望した。ここから、体験の水準が低いクライエントにとっては、スキルを学ぶことは難しく、フォーカシングを学びその効果を維持させるには、継続的なプロセス指示が必要と考えられる（Leijssen, Lietaer, Stevens & Wels, 2000）。

🍃 語りのプロセス

　EFT における語りの進み方（narrative sequence）を研究した結果、良好な成果に結びつく興味深いパターンが示された（Angus, Levitt & Hardtke, 1999 ; Lewin, 2000）。Angus et al.（1999）は、知覚プロセスに焦点を当てた来談者中心療法（Toukmanian, 1992）、EFT、力動的心理療法で、語りの並びの数や種類（外的、内的、内省的）に関して、大きく異なることを示し

た。具体的には、力動的心理療法のセッションでは内省的語り（40％）から外的語り（54％）に移る順序パターンが優勢で、セラピストとクライエントはクライエントの描写する過去や現在のエピソード記憶（外的語り）に関する意味を構築するプロセス（内省的語り）に入っていた。対照的にEFTにおいては、内的語り（29％）から内省的語り（46％）へと移る順序パターンが示され、セラピーのなかでセラピストとクライエントは、感情体験を分化した後に（内的語り）、その体験の新たな意味を生成するプロセス（内省的語り）に取り組んでいた。EFTにおいて内的語りが語られる割合は、来談者中心療法に比べて3倍ほど、力動的心理療法に比べて5倍ほど高かった。EFTの主目的は、分化した機能的な感情スキーマをクライエントが発展させられるように支援することである。クライエントの体験の状態を探索すること（内的語りモード）と、新たな感情や信念や態度を理解するために意味を創造する質問をすること（内省的ナラティブモード）に交互に焦点を当てることで、この目的が達成されることが先の分析から実証された。

　来談者中心療法におけるセラピスト－クライエント間のやりとりにおいては、いくつかの異なったテーマにまたがり、続いて内省的語りが起こるパターン（54％）が示された。そこでクライエントとセラピストは、生活上の出来事（外的語り／36％）や、感情体験（内的語り／19％）に関して長い時間内省的に吟味していた。外的・内的語りを内省的語りへと結びつけることで、クライエントは自己の中核に関わる問題に対して広く探索を行なうことができ、そのなかで自動的な処理のパターンが同定され、それが見直されるようである。

　その後の研究から、成果が得られなかったEFTのセラピストに比べて成功したEFTのセラピストは、感情に焦点を当てる内省的語りモードにクライエントをうまく導く率が2倍も高いことが明らかとなった（Lewin, 2000）。また、成果が得られなかったクライエントに比べて、望ましい成果が得られた抑うつ状態のクライエントは、感情に焦点を当てたより内省的な語りをするようになった。さらに、短期体験療法で望ましい成果が

得られた抑うつ状態のクライエントは、成果が得られなかったクライエントに比べて、感情に焦点を当てて内省的に語ることにより多くの時間を使っていた。これらの結果から、うつ病の治療における感情と内省的なプロセスの重要性が実証的に支持された。Honos-Webb, Stiles, Greenberg & Goldman（1998）は、EFT の治療がうまくいったクライエントと比較的うまくいかなかったクライエントの 2 名に対し、問題体験の同化尺度（Assimilation of Problematic Experience Scale : APES）を適用して面接中の行動を測定した。APES は、特定の問題体験の同化の程度を測定する（Level 0 は回避、Level 7 は達成）。トランスクリプト（逐語録）を質的に分析したところ、成功事例では問題体験の少なくとも 3 領域で徐々に同化が起こることが示された。一方、あまりうまくいかなかった事例では、3 つの主要なテーマについて分析したところ、同化が阻害されていることが示された。成功事例の同化に関する質的分析では、2 つの主要なテーマに関連する 43 の文章を抜粋し、APES で評定した（Honos-Webb, Surko, Stiles & Greenberg, 1999）。予想通り、成功事例ではセッションを重ねるにつれて APES の評価が上昇する傾向にあった。この研究では、クライエントの支配的だった「スーパーウーマン（何でもできる優秀な女性）」の声は要求や弱さの声に同化され、反対にクライエントの支配的な「いい子」の声は反抗的で自己主張する声に同化され、その結果として自己の内側でより複合的かつ柔軟な複数の声が共存するようになった。これは、自己を「複数の声の共存（community of voices）」と捉える、自己の創発的形成という考えを支持するものと解釈できる。この考えは、さまざまな自己の側面や"声"の多様性を促進させるという、心理療法の目標についての新しい考え方を導くものである。

関係要因

　治療成果と共感や作業同盟との関連性については、心理療法に関する研

究論文において実証的な知見が最も揃っている（Bohart, Elliott, Greenberg & Watson, 2002 ; Horvath & Greenberg, 1994）。Bohart et al.（2002）は、セラピストの共感とクライエントの治療成果の関連性についてメタ分析を行なっている。その結果、6つの研究に体験療法が含まれており、それらの研究における共感と治療成果の相関係数の平均は.25であり、全サンプルから得られた値と同範囲内にあることが示された。うつ病治療の研究では、クライエント評定による、治療関係諸条件や作業同盟は、EFTでも認知行動療法でも良好な治療成果と関連することが示された（Watson & Geller, 2005）。この関連はクライエントの治療前の症状や治療初期の改善に媒介されていなかった。また、パーソン・センタード・アプローチにおいて重視される諸条件と治療成果の関連を、作業同盟が媒介することも明らかとなった。これは、用いられる技法とは関係なく、共感的で受容的で調和的にクライエントを尊重するセラピストは、治療における課題や治療目標についてクライエントと相談して合意を得ることができ、望ましい治療的絆を結べるという見解を支持する。セラピストが共感的で非審判的で自己一致しているほど、クライエントの目標にあった課題を行なうことができ、それが結果的に良好な治療成果の可能性を高めるようである。

　他の研究においても、うつ病に対するEFTと来談者中心療法の比較を通して、作業同盟の発展に関する検討が行なわれている（Weerasekera, Linder, Greenberg & Watson, 2001）。その結果、作業同盟と治療成果の関連は、作業同盟の次元（目標、課題、絆）、治療成果の指標（症状の改善か、自尊心や関係性の問題か）、そしてどの段階で作業同盟が測定されたかによって異なることが明らかとなった。また、面接初期の気分の変化とは無関係に、初期の作業同盟の得点が治療成果を予測することが示された。絆や目標に関して群間の違いはみられなかったが、EFTを受けた群は治療中期に作業同盟の課題の得点が高かった。

◢ 結論

　うつ病に対する EFT の研究は広く行なわれており、エビデンスに基づいた心理療法として認められる水準に至っている。また、一連のトラウマティックな出来事や虐待体験の精神的な後遺症にクライエントが取り組む際に、EFT は効果的な心理療法とされている。さらに、カップルに対する EFT はカップル間の苦痛に効果的であることも示されている（Baucom, Shoham, Mueser, Daiuto & Stickle, 1998）。

　体験療法における 2 つの中心的課題は、治療的な関係性を提供することと体験を深めることである。体験を深めることと全く同一ではないものの、これに関連する全体的な治療課題は、感情への接触と感情の喚起を増やすことである。これについても実証的な支持が得られている。エビデンスによると、体験療法において、共感や作業同盟の構築といった関係性の要因が重要であり、より深い体験プロセスや感情プロセス処理が重要な普遍的プロセスである。さらに、より深い感情プロセス処理は、感情覚醒と喚起された体験についての内省、すなわち感情と理性の統合や右脳と左脳の統合を含み、一方ではなく両方のプロセスが揃ったときに、より良い予測因子になることが示されている。これらの全般的なプロセスに加え、特定の介入におけるマイクロプロセスとして、以前から自分に内在する辛辣な批判を和らげること、他者に対する新しい見方を得ること、手放して許すことも、特定の感情に関する問題を解決するためには効果的とされている。

▼ 訳注
1── プロセス−アウトカム研究。面接プロセスと関わる変数（たとえば、セラピストの特定の反応の仕方、作業同盟、クライエントの感情体験の深さ）と治療効果を示す変数との関連を量的に検討する研究。
2── 言語表現機能（referential activity）。イメージや感情体験などのノンバーバルな体験を言葉とつなげる活動と機能を示し、W. Bucci によって研究が進められている。高い言語表現機能は、イメージや感情体験を鮮明に豊かに言葉で表現していることを示す。

6 今後の発展

　今後、エモーション・フォーカスト・セラピー（Emotion-Focused Therapy : EFT）はさらに発展していくだろう。現在、EFT はさまざまな対象群や文化圏に適用されつつあり、変容プロセスの研究もさらに進んでいる。本章では、EFT のさらなる探求や訓練の領域を含む今後の方向性と、予防アプローチとしての EFT について論じる。

今後の研究領域

　EFT の強みは変容理論にある。EFT は、人間機能の理論や診断に注目するのではなく、人がいかに変容するのかを理解することに注目してきた。人間の機能に関して、EFT は弁証法的構築主義に基づくプロセス志向のマクロ理論を築いてきた。しかし、EFT の最も大きな貢献は、セッション中にいかに変容が起こるのかについて、その中間的理論やミクロ理論を構築した点にある（Greenberg, Rice & Elliott, 1993）。実証研究により、具体的な指標に示される、異なる介入変容プロセスが明らかにされてきた。こうした知見を土台として、今後もさらに研究が発展していくだろう。変容プロセスに関する研究の機会は豊富にあり、このような研究を可能にする課題分析や、量的・質的な研究法も開発されてきた（Greenberg, 2007 ; A. Pascual-Leone, Greenberg & Pascual-Leone, 2009）。これまでにも多くの課題が指摘されており、それらは今後研究していく価値がある。個人療法においては、

たとえばトラウマの語り、作業同盟の亀裂と修復、自己蔑視と自己への思いやり、不安性の依存と自己静穏、強い苦悩と意味の構築、混乱とクリアリングスペースといった研究課題がある（Elliott, Greenberg & Lietaer, 2004 ; Greenberg & Watson, 2006）。カップルセラピーとしては、愛着関係の傷つき、アイデンティティの傷つき、支配的相互作用といった研究課題が挙げられる（Greenberg & Goldman, 2008）。また、セッション中の変容に関して、セラピストはそれぞれ独自の見識をもっているものである。セラピストが暗に理解していながらまだ明白にされていない面接中の変容プロセスに関する知を、詳細かつ明確に記述し、新たな治療課題を明らかにしていくことも必要である。

　これまでに同定されながらも十分に研究されていない指標が2つある。それは、投影の指標と、自己閉鎖や引きこもりの指標である。投影の指標は、他者の状況について過度に強い感情を示す場合を指す。たとえば、物乞いをする人の窮状を見て（思いやりではなく）強い絶望を感じたり、子どもが実際は何も困っていないのに寂しいに違いないと思い込み、とても悲しんだりすることが挙げられる。この場合、自分自身の絶望や孤独感が他者に投影されており、こうした投影を自分のものとして認める必要がある。古典的な理論による「投影」は、性的興奮や攻撃性が他者へと投影され、それを他者に属するものとして非難する場合を指す。一方、ここでの投影も自分の感情が投影されるが、それによって他者を非難するのではなく、痛みを感じるのは自分自身のほうである。セラピーのなかで物乞いをする人や自分の子どもとなり、その立場から言葉を発することによって、他者に投影された感情を自分のものとして認めるプロセスが促進される。自己閉鎖の指標は、自分を守るために壁の後ろや穴のなかへと引きこもり、鍵をかけ、出てこなくなるような状態を指す。自己中断プロセスの一種としてこれに取り組むことは、有益な介入である。しかし、この場合は感情が抑制されているのではなく、感情を自分の外へ切り離すことによって自己が守られていると考えられる。今後、この種のプロセスに関する課題分析を用いた研究を行なうことが有用だろう。最近の語りと感情に関する研

究では、「使い古したストーリー」「空っぽのストーリー」「語られなかったストーリー」「壊れたストーリー」といった、新たな語り－感情指標と、それぞれの指標に最も適した共感に基づく語りへの介入が同定されている（Angus & Greenberg, 2011）。

　EFT には分化されたプロセス診断の方法がある（Greenberg, Rice & Elliott, 1993）。これに基づき、体験とその人らしさに焦点を当てるという EFT の本質を損なうことなく、特定の問題を扱う方法を示した「ミニマニュアル」化ができる。たとえば、依存症における「欠乏感」や、行動を阻む障壁といった問題に対する介入法である。プロセス研究や包括的な質的研究は、このような特定の出来事や体験の研究に貢献してきた。今後も、こうした研究法は体験へのアプローチを特徴とする EFT のプロセス研究に貢献するだろう。

　さまざまな対象群や文化への適用に関する研究も必要である。不安障害、パーソナリティ障害のほか、他の問題についても EFT の効果研究が必要である。一方で、多くの障害は不適応感情スキーマや感情調整の問題という共通する要因が特定され、すべての治療の共通要因として治療関係があると考えられる。症状をもつ人としてではなく、唯一無二の一人の人間としてクライエントの全体をみることが重要である。そして、個人の問題には個人に特有の決定要因が関わっていることや、個人の内側には多くの資源があることも忘れてはならない。これが意味するのは、診断分類が必ずしも治療に関連するとは限らないということである。なぜなら、多くの苦悩の根源は同じであるが、その表われ方は個人によって大きく異なるからである。その一方で、不安障害や摂食障害のように共通の症状をもつ人々に共通の特徴がみられ、そうした集団を診断分類にまとめることによって、治療に影響するばらつきを減らすことができる。だからこそ、さまざまな症候群に適合する核となるような標準的な心理治療に磨きをかけるとともに、個々の障害に関連した諸側面を同定する必要がある。今後は、さまざまな層の人々に対する EFT の適用を研究することや、EFT の治療的文脈に関わる要因を研究することが求められる。このような研究はより広い範

囲まで EFT を適用することに役立つだろう。

　さらに、感情変容に関する EFT 理論の研究を進めることも必要である。最も喫緊の課題は、感情によって感情を変える効果に関する研究や、要求の喚起によって二次感情から一次不適応感情、そして適応感情へと移行する効果に関する研究である。恐怖や恥といった不適応感情を弱めるために、力をみなぎらせる怒りや、喪失に伴う悲しみに注意を向けることの治療効果を検討することも良いだろう。また、重要な他者に対する未解決の怒りを変容させるために、根底にある見捨てられた悲しみにふれる効果を検討することもできるだろう。こうした検討によって感情変容の科学的基盤を確立することができるだろうが、これには長い時間がかかるかもしれない。同様に、修正感情体験に関する基礎研究は、この重要な変容プロセスについてのより洗練された理解と介入をもたらすことだろう。

　体験プロセス、感情覚醒と表出、治療的現前と共感といった、中核的治療プロセスについて研究をさらに続けることも必要だろう。エビデンスによれば、単に感情表出するだけで治療的だとはいえない。むしろ、一定量（25％）で内省プロセスとともに感情表出が起こることや、覚醒が生産的な質をもつことが不可欠な要素である。加えて、治療開始時におけるクライエントの体験を深める能力や、作業同盟を構築する能力が複雑に相互作用して、変容への道筋が決定されているようである（Pos, Greenberg & Warwar, 2009）。治療のプロセスと成果の関連を同定すべきであり、関係的なつながりと感情プロセスの効果もさらに研究すべきである。セラピストの訓練に関する研究もまた有用であり、そうした研究はセラピスト自身の個人療法やスキル訓練に取り組むうえで役立つだろう。

✎ 訓練

　次のステップとして、EFT の訓練を博士課程の教育訓練プログラムやインターンシップに導入することが不可欠である。EFT の関係性を重視する

アプローチや、感情に働きかける手法、そして感情調整スキルを学ぶことはすべての訓練生の利益となる。うつ、トラウマ、対人関係の問題の治療やカップルセラピーについてのEFTアプローチの訓練が必要である。これらはすべてEFTの効果が実証されたものである。また、摂食障害や不安障害といったエビデンスが集積されつつある他の障害に対してEFTが適用される必要がある。これまでエビデンスに基づく心理治療を教える訓練プログラムでは、認知行動的治療が重視され、他のアプローチは排除されてきた。しかし、現在は十分なエビデンスによって、訓練プログラムの一部としてEFTに基づく諸療法が必要条件として推奨されている。これは症状に注目した対処スキルの習得を目指すアプローチに対する重要な補足となる。セラピストとしての教育は、感情と感情的波長合わせの訓練により重きを置かれなければ不完全なものとなる。カップルセラピーや家族療法の訓練プログラムとインターンシップにおいて、カップルに対するEFTの訓練が広く取り入れられている。個人療法の訓練と教育については、今後の発展の余地が残されている。

　セラピスト自身が個人療法を受けることや自己成長の作業に取り組むことは、感情に取り組むスキルや、関係的共感、作業同盟の構築、そして全般的な対人関係スキルを学ぶうえできわめて有用である。さまざまな形態による個人的な成長体験は重要で役に立つ。そのため、セラピストの個人的成長と体験に関する訓練が訓練全体のなかに組み入れられる必要がある。

予防アプローチ

　『エモーション・フォーカスト・セラピー──クライエントが感情に取り組むためのコーチング』（*Emotion-Focused Therapy : Coaching Clients to Work Through Their Feelings*（2002））において、セラピストは感情コーチであり、セラピーは感情コンピテンスを高めるプロセスである、というアイデアを筆者は紹介した。今まさに、感情リテラシーを高める予防プログラムの開

発が最も強く求められている。これには、感情を活用し、管理し、変容させる方法についての体験的な心理教育プログラムが含まれるであろう。感情リテラシーを高めるためには、感情コーチングのプログラムが強く望まれる。これには、感情について新たな方法で考えることや、関連する感情スキルを培うことが含まれるであろう。そのスキルとしては、他者の感情と自分の感情を見分けること、相反する感情を統合すること、感情に耐えること、感情を情報として活用すること、気持ちを細やかに理解することが挙げられる。単純に頭のみで理解するだけでは良いプログラムとはいえない。良い感情コーチングのプログラムには、適切な関係的環境を創り出すこと、クライエントの学習や体験にコーチが敏感に反応していくことが求められる。適切な反応やガイダンスを適切なタイミングで与えることこそが、援助技術の中核である。

　現在、感情リテラシーのプログラムが開発され検証されている。これは、感情に焦点を当てる以下の対処法の原則に基づいている。(a) 一次・二次感情、適応・不適応感情の状態への気づきを培う。(b) 感情調整と自己静穏のスキルを培い、苦痛な感情の不快さと距離を取り、それに耐えることを学ぶ。(c) 適応感情と要求にふれることで不適応感情状態を変容させる。(d) 意味を見出すために感情体験を内省する。

　訓練――特に感情への気づき、感情の管理・変容――を導入する鍵となる時期は、感情が問題になりやすい青年期や成人期早期である。職場という状況における感情にも注意が必要である。感情への気づきの訓練は、家庭で子どもの頃から始められるべきであるが、より集中的な感情処理の訓練は、学校や職場において青年期や成人期早期に始められるものだろう。いずれにせよ、子どもの感情コンピテンスを育てるためには、親や教師が感情に親しんでいなくてはならない。そのため、将来の親・教師・管理職になる人材が次世代の良き感情コーチとなれるよう、青年期や成人期早期の人々に対して介入することが、予防の最適なタイミングということになる。ただし、現在すでに親・教師・管理職にある成人に対する感情訓練もまた不可欠である。なぜなら、そうした人々が若い世代や職場環境に影響

を与えるからである。

　親に対する感情コーチングは欠かせない。というのも、親の感情管理に対する考え方が、子どもの感情知能に影響していることが明らかになっているからである（Gottman, Katz & Hooven, 1996）。親が自分自身や他者の感情を抑制し、操作し、回避すればするほど、自分の子どもの感情に目を向けなくなる。子どもに感情のコントロール法を教えなければならない、いつまでも赤ちゃんのままでいないことの利点を教えなければならないと、多くの親が信じ込んでいる。このような感情観をもつ大人は、最悪の場合は折檻によって、良くても理性的に感情を制することによって、感情は抑えるべきものだと思い込んでいる。親はふつう、子どもが泣き虫や弱虫になるのを好まない。強くあることが敬われて望まれる性格であり、児童期や成人期において感情的であることは疎まれるようになる。しかし、長い目でみれば、強さや感情知能は理性と感情の統合によってこそもたらされるもので、感情をコントロールすることでは得られない。親は良き感情コーチとなって、親密さを培う機会として子どもの感情に思いやりをもって接する。そうした親は、感情的に安定した穏やかな子どもを育てることが明らかにされている（Gottman et al., 1996）。

　子どもの感情は子どもとつながって親密になるためのチャンスと捉え、子どもの体験を肯定する親が、最高の感情コーチであることが示されてきた（Gottman et al., 1996）。そのため、生後から子どもの感情に気づくことが子育ての最重要課題のひとつである。乳幼児の気持ちは変わりやすく、すぐに感情的に興奮する。自分の反応をコントロールできず、急に不満を示したり、退屈したり、疲れたりする。乳幼児は、大人を通して自分の感情信号を理解する。親を対象とした感情コーチングでは、親が子どもの感情コーチになれるよう援助する。同様に、教師や管理職を対象とした感情コーチングには、自分自身の感情に気づき、管理することのコーチングと、他者の感情を扱う方法についてのコーチングが含まれる。

　成人や管理職へのコーチングの仕方は二通りある。1つは、その立場にある人のみを対象として、子どもや部下の感情を管理する方法について

コーチングするというものである。もう1つは、子どもや部下にも同席してもらい、実際の状況を再現して、感情が生まれてくるまさにそのやりとりのプロセスに取り組むというものである。たとえば、子どもとの問題を抱えた親であれば、乳幼児の抱っこの仕方、言語的に反応する方法、アイコンタクトで注意を向けたりやりとりしたりする方法をコーチングできる。教師であれば、児童の激しい感情を管理することを、管理職であれば職場の対人的衝突を管理することをコーチングできる。

　以上のように、児童、青年、成人期早期の人々、親、教師、管理職への予防プログラムを開発することが、EFTをより幅広く適用するうえで欠かせないステップである。このプログラムでは、感情について学び、自らの感情に注意を向ける練習をし、自分自身や他者に思いやりをもてるようになり、感情を調整し、内省し、変容させることを学ぶ。筆者は、本書がこうした努力の発展の一助になればと願っている。

統合

　筆者は、その統合的な意味合いを踏まえて「エモーション・フォーカスト・セラピー」という用語が、将来的に感情に焦点を当てたすべてのセラピーを意味するものとして用いられるようになると信じている。この場合、精神力動的、認知行動的、システム論的、あるいはヒューマニスティックな心理療法などが含まれるだろう（Foa & Jaycox, 1999 ; Fosha, 2000 ; Greenberg, 2002 ; McCullogh et al., 2003）。主要な学派の多くは、認知心理学や認知神経科学から、感情・情動神経科学（Davidson, 2000a ; Frijda, 1986 ; Schore, 2003）へとその観点を移行させるプロセスを達成しつつあり、セラピーで中心的な役割をもつ感情に注目するようになっている。感情に焦点を当てるアプローチは、人間機能における情動の重要性とセッション中の感情体験を重視する。この点によって、感情に焦点を当てるアプローチと他のアプローチが区別されるだろう。

批判

　EFTに対する批判は主に3つある。これは今後も精査され検討されつづけていくだろう。第1に、感情に取り組むことは危険だという指摘がある。感情は人を混乱させたり、圧倒したりすることもあるため、それを喚起するのは危険だという考えである。たしかに、感情は恐ろしく破壊的になることもあるが、EFTで促進するのは適応的な感情を資源とする体験であり、これには全く破壊的なところはない。回避してきた感情に向き合うことは時に苦痛を伴い、人はこうした感情を恐れ怯える。そのため、EFTでは苦痛を伴う感情にふれる前に、十分な内的・外的なサポートを得ることに注意を払っている。このように感情にふれる前には、関係を構築することが必要である。また、セラピーにおいて感情が喚起される前には、内的な静穏と調整のスキルを培うことが求められる。

　第2の批判は、人間は理性的であり、特に男性はその傾向が強く、感情に焦点を当てるアプローチに良い反応を示さず、感情を不合理で弱いものとみなし、セラピストと作業同盟をつくることが難しいという考えである。また、恥の文化とされる東アジアの文化では、社会規範によって社会的場面における感情表現が定められており、EFTはなじまないのではないかともいわれる。また、上下関係を重視する文化には、感情に焦点を当てる方法や平等主義的な関係性がそぐわないという批判もある。感情に対する見方やその表現の仕方には、たしかに文化やサブカルチャーによって相違がある。しかし、どのような社会であっても、すべての人が感情をもち、自らの感情に取り組まなければならないこともまた真実である。ある文化圏の人においては、安心して感情を表現するまでに長い時間と強い作業同盟が必要となるかもしれない。しかし、長い目で見れば、すべての人間に対して感情機能の共通原則を適用することができる。第3に、EFTの共感様式の重要な一部である共感的探索や推測が、誘導が強すぎると捉える批判がある。これはつまり、クライエントの体験が歪められるリスクもあり、

結果的にクライエントにある特定の感情を感じるよう強制しているという批判である。いわば、クライエントが感じるものに対して、セラピストが自分の見方を押し付けているという批判でもある。これに対しては、次のように反論できる。すなわち、EFTのセラピストはリーディングすることよりもフォローイングしていくことに重きを置き、共に探索して協働関係を構築することに非常に敏感である。さらに、認知行動的なセラピストの介入よりも、EFTのセラピストの反射に対するほうが、クライエントは反対の意思を伝えやすい傾向にあることも研究で示されている（Watson & McMullen, 2005）。

結論

　EFTは感情にアプローチし、注意を向け、調整し、利用し、変容させるように人を導く。そして、どのようなときに感情変容プロセスを促進すべきかを学ぶように導く。EFTは人が回復していくうえでの人と人との関係性の力を認めており、セラピストはクライエントに対して真の関係性を提供する。EFTは、セラピーに対する豊かなアプローチとして認識される機運を得るまでに発展している。まずは、この機運を持続させることが重要である。それは、バトンを受け取って未来へと走るであろう新世代の人々にかかっている。本書が読者にとってそうした刺激となることを願っている。

監訳者あとがき

伊藤正哉

　"心理療法は感情に取り組む特別な仕事である。感情をそのままに見つめ、素直に表し、大切に取り組むためには、相手を信じ、安心できる人と人との関係性が必要である"——この教えを知ったのは、博士課程の訓練生の頃でした。当時から慕っていた、とある先生からの教えでした。臨床経験に乏しい当時の自分であっても、この考えに対して直感的に本来性を感じたのを覚えています。感情はとらえどころがなく、もやもやするような時もあれば、とてもリアルに、深く強烈にずきずきと感じられる時もあります。相談に来る人の多くはまさにこの一点、感情にまつわる何かに苦しんでいる。しかし、どうやったら、この感情に取り組むことができるのだろうか？　その先生は多くのことを教えてくれましたが、そのなかのひとつは、"現地に行って本物から学びなさい"というものでした。

　私はカナダにあるヨーク大学を訪れ、本書の筆者であるグリーンバーグ先生の研究室のドアを叩きました。グリーンバーグ先生のご厚意から1年ほど滞在し、ここでEFTの臨床訓練に関わらせていただくとともに、自己静穏についての課題分析の研究に取り組みました。ヨーク大学での心理臨床の訓練や研究は、それまでの私が日本で経験したものとは別次元にありました。現地でまず驚いたことは、実際の心理療法セッションを録音・録画した"生の素材"を用いて、臨床訓練や研究が行われていることでした。

　トロント郊外にあるヨーク大学は広大なキャンパスを誇り、中央にはバスターミナルを兼ねた巨大な芝生の庭があります。その庭に面したビルの一室で、研究ミーティングが始まります。部屋には7人くらいの臨床家や

学生、そしてグリーンバーグ先生が集まってきます。一通り談笑したあと、修士課程の学生がおもむろにビデオを再生します。彼女は、修士論文のテーマとして、EFT のカップルセラピーにおける許し（forgiveness）のプロセスを研究していました。やや粗い画像で過去に行われた実際のカップルセラピーのセッションが映し出されます。ビデオは数十秒ごとに停止され、行きつ戻りつしながら、その場で現れるプロセスをあれやこれやとみんなで議論します。ただでさえ英語がわからない上に、「これは二次感情だ」「この瞬間に中核感情に触れている」などと議論は白熱していきます。よくわからないのですが、映像を見たグリーンバーグ先生や参加者の議論はどんどん加熱していきます。一体全体、どこをどう見たらそう判断できるのか、しばらくは皆目検討がつきませんでした。ただただ目を丸くするしかない自分が、とても悔しく思ったことを覚えています。当初は悔しいばかりでしたが、このような丁寧で好奇心に満ちたセッションプロセスの観察や議論、そして、それをもとにしたトランスクリプトのコーディングという地道な作業が幾重にも積み重ねられることで、EFT の治療モデルが構築されているのだと理解できました。

　ちがう日には、学生のスーパービジョンがあるというので、グリーンバーグ先生の研究室に入ります。研究室には雑然と、どこかやさしく研究資料や専門書が山となって積まれ、並べられています。ここでも少しの温かい談笑のあとに、スーパービジョンを受ける学生がおもむろに IC レコーダーをスピーカーにつなぎ、セッションの録音記録を再生します。その学生がつい数日前に実施したセッションです。ここでも数分、数十秒ごとに一時停止しては、そのクライエントの体験水準やセラピストの所々の介入や発言のプロセスが議論されます。その瞬間瞬間にあるクライエントの心の機微が丁寧に汲まれ、探索されていくその時間は、もうひとつのセラピーセッションのようです。ある時点で少し止まると、グリーンバーグ先生は「僕なら、こう言ってみるかもしれないね」と、いくつかセラピストの発言や介入を、その場その場で臨場感をもって示してくれます。そして、これは EFT のテキストではあまり出てこないところだと思うのですが、グ

リーンバーグ先生はよくこう尋ねていました。「この人の中核は何なのだろう？」この問いに対して、多くの訓練生は答えに詰まります。しかしそれでも、グリーンバーグ先生は訓練生とともに、クライエントの中心にある何か、本当に痛んで苦しんでいて、そして大切にしているところを探索していきます。この問いが丁寧なセッションプロセスの検討に照らして理解され、深められることで、そのクライエントがとてもリアルで立体的に、全体性をもった一人の人として浮かび上がって理解されるのです。

　1週間のうちの1日は、こうした研究ミーティングとスーパービジョンが朝から晩まで続いていました。参加していた私は疲労困憊になりますが、グリーンバーグ先生は一日中、臨床プロセスの議論が楽しくてしょうがないという感じです。帰り道でも研究の話をしながら元気一杯に帰っていきます。また別の日には、大学院の授業があるとのことで、とある教室に入ります。授業は2コマ連続の時間割となっていて、受講しているのは大学院生10名ほどです。最初の1時間はプロセス研究で得られたモデル (e.g.: 自己分離の二つの椅子) に沿って、米国心理学会から発刊されているデモンストレーションDVDを再生したり停止したりして、そのセッション過程が丁寧に解説されます。概念学習と観察学習です。この授業には、アシスタントとしてポス准教授も参加しています。グリーンバーグ先生とポス先生はとても楽しそうに、興味深そうに合いの手を入れては交互に解説し、議論します。この授業も、私の日本での臨床訓練にはなかった好奇心の雰囲気に満ちた、とても深く厚い臨床の時間でした。

　そして、次の1時間は教室から訓練室に移ります。この訓練室には、マジックミラー付きの3畳ほどの小部屋が6つほどあります。訓練生はセラピストとクライエントのペアを組んで、前の時間に教えられた介入モデルに従って課題を体験練習します。このとき、訓練生は想像上のロールプレイをするのではなく、自分が悩み困っている現実の問題を話します。役を演じるのではなく、本当のセラピストとクライエントとして練習するのです。それぞれの部屋にペアで入って、一斉に練習が始まります。片手に持った緑茶をすすりながら、グリーンバーグ先生とポス先生が各部屋を巡回し

監訳者あとがき（伊藤正哉）

ます。感情の体験過程を深めるのは、やはり容易なことではありません。セラピストをする訓練生は前の時間に観たDVDをなんとか模倣し、一生懸命に共感を示して体験過程を深めようとしますが、クライエントの訓練生は表面的な話に終始します。グリーンバーグ先生は3分ほどミラー越しでその様子を観察した後、おもむろに部屋のなかへと入っていき、セラピストの後ろに立ちます。訓練生2人はそのまま練習をつづけますが、ある時点でグリーンバーグ先生が訓練生のセラピストに代わって共感や探索を始めます。温かく、しかし核心をつく共感がひとつ、またひとつと与えられることで、クライエントの訓練生はみるみると感情体験を深めていきます。その場のプロセスはゆっくりとしみじみとした雰囲気となり、声のトーンは途切れ途切れとなり、ついには、その訓練生の頬を涙が伝います。語られていく内容も、それまでとは一変して、奥底に秘められていたものが話されているのがわかります。つらく痛い感情に向き合うなかで、じーんとした、温かい時間が流れます。その瞬間、私は目の前で明らかにそれと見てわかるかたちで、人が人に共感され、その温かみに包まれながら痛い感情に向き合っていく姿を見たのです。その瞬間、文字通り、私は魔法を目にしたと感じました。

　トロントでは、専門家向けにEFTのワークショップが毎年開かれています。滞在時に私も参加しました。会場に到着したとき、あることに気づき、いくばくかの怯えと驚きを感じます。というのも、受付の後ろにティッシュ箱が山積みにされて準備されていたのです。まさかこのティッシュは、涙をぬぐうためのものなのでは……。ワークショップ参加者は30名ほどです。ヨーク大学での授業のように、まずは全体での講義があります。この講義では、EFTの基本的な介入法や、各課題の介入モデルが概説され、それに続いて実際のセッション映像を用いて観察学習をします。このようにして、ひとつの介入モデルについての概念学習と観察学習が終わると、6〜7名の小グループに分かれます。各グループは、それぞれ別の部屋へと分かれます。部屋に入ると、テーブルにはティッシュ箱が置かれています。その部屋で、セラピスト役、クライエント役、セラピストの補佐役の3名

をまず決めます。そして、他の参加者の前で、その3人が実際にセラピストとクライエントとして練習をします。ここでも、クライエントをする参加者は現実にある自分の悩みに取り組みます。私の参加したグループでは、私自身を含めてほとんどの参加者が体験過程を深め、涙を流し、ティッシュが一枚、また一枚と使われていきました。私の英語能力は当時もかなり乏しいものでしたし、他の参加者もヨーロッパ各国や香港からやってきた臨床家で、カタコトの英語でのワークでした。にもかかわらず、一人ひとりが、じんわりとした体験プロセスに入っていくことができていたのです。こうした経験から、共感や人と人との温かい関係性、そして、それに支えられ覆われたかたちでの痛々しい感情へのやさしい取り組みという作業には、必ずしもこまごまとした言語的なテクニックや、高尚な技術が必要なわけではないことに気づかされました。

　トロント滞在中には、このような鳥肌が立つ驚きが何度もありました。"ここには本当の臨床と研究がある！"と当時の自分の血がたぎったことを今も思い出します。EFTは、人と人との温かいつながり、セラピストの職人芸的な介入の技、クライエントの微妙で人間的な心の動きや流れ、痛々しい感情がもたらしてくれる癒し、傷つきや弱さを直視した時の人間の強さなど、どれも言葉で表現しづらい現象を真っ向から扱い、科学的に共有可能な知として体系化しようとしています。そうした努力は、感情理論と弁証法的構築主義といった理論的基盤、パーソン・センタード・アプローチと体験療法を統合した介入技法や関係・課題原則、そして多大な努力を要する丹念なプロセス研究によって築かれた治療モデルに反映されています。本書はそのようにしてできあがったEFTのエッセンスを抽出した格好の入門書と言えると思います。しかし、あえて極論を言えば、言語で簡潔化された本書は、EFTの魅力や効力をその半分も伝えていないのではないかと思うのです。残りの半分は、EFTのプロセスを実際に目の前で見たり、体験してみたりすることだと思います。本書を読まれて関心を持った読者の方は、ぜひとも岩壁先生のワークショップや、グリーンバーグ先生のDVDを見て、その実際を体験いただければと願っております。私自身も、

トロント滞在中にはEFTのセラピストから教育分析を受ける機会を得ました。その体験は、今もかけがえのない深く根付いた記憶として、私のなかに残っています。

　幸いなことに、帰国後もこうした問題意識を共有して、これまで5年以上にもわたってEFT研究会の仲間と切磋琢磨しながら知的・体験的な理解を深めることができました。その会をまとめ、現在も引っ張っておられる藪垣将先生（国際医療福祉大学）と会のメンバーには、感謝の気持ちをここでお伝えさせていただければと思います。トロントは、冬には最高気温が氷点下にもなるほどの寒い場所です。しかしそのなかで、グリーンバーグ先生から心理的な支えや暖かさ、歓びや興味をいつも降りそそいでいただき、幾度となくほっこりとした気持ちにさせていただきました。また、自己静穏についての研究では地道な作業の一歩一歩でのあらゆる側面で、大きな援助をいただきました。

　どのような心理療法・精神療法アプローチをとったとしても、人間の感情は重要な側面として認識されるものであると、今でも確信しております。私は、エモーション・フォーカスト・セラピーという、感情に焦点を当てた心理療法の先駆的かつ統合的試みに、このような翻訳・監訳というかたちで関わらせていただいたことに心から感謝しております。このような機会を与えていただいた岩壁茂先生、EFTを紹介してトロントへの架け橋を作ってくれた堀越勝先生、そして快く送り出してくれた小玉正博先生に感謝を申し上げます。そしてまた、痛くてつらく、しかし、とても大切でかけがいのない感情を共有し、一緒に取り組む機会を与えていただいた相談者の方々に、心から感謝をしております。

　この感謝の気持ちをここに記して、御礼申し上げます。

監訳者あとがき
細越寛樹

　私自身は監訳者のなかで最も EFT への造詣が浅く、その意味で読者の皆さんに一番近い立場かもしれません。その立場から、私が EFT と出会って体験したことを書き、あとがきに代えさせていただければと思います。

　私は特定の流派だけを突き詰めるというよりも、自分が興味をもった流派または先生であれば何でも学んでみるというスタイルで学んできました。例えば、第二世代の認知行動療法を使ったプロジェクト、フォーカシングの体験グループ、ユング派に属する Embodied Dreamwork の体験グループ、力動的な立場のグループスーパービジョン、統合的な家族療法家の教育分析などが挙げられます。ただ、そのなかでもゲシュタルト療法は特別な存在で、最も時間をかけて教育分析やグループトレーニングを受けてきました。現在の自分の中核となっています。今ここを大切にして、セラピストからの解釈や想像は控え、純粋性を重んじ、クライエント自身の体験と気づきを促す、そんなゲシュタルト療法の在り方に惹かれています。

　そのような私にとって EFT との出会いは、非常にアンビバレントなものでした。EFT では、ゲシュタルト療法と同様に感情や体験を重視していましたが、その意義や効果に関する説明が非常に分化した形で実証的にまとめられていることに衝撃を受けました。これまでに見聞きしてきたものとは一線を画する具体性と論理性をもっていました。その一方で、本書の第 6 章でも述べられているように、あまりにも系統的に示されている介入の方法や手順に対する強い違和感も生じました。ゲシュタルト療法の教えとは異なり、EFT では何らかのワークをクライエントに提案する際に、す

でにセラピスト側で起こる結果を想定して介入しているような印象がありました。つまり、クライエントの体験や主体性の尊重を強調しているにもかかわらず、介入の方法や手順がどこか非常に恣意的である、そんな矛盾をEFTに感じました。その結果、とても興味はあるけれども、どこか認めたくない、そんなアンビバレントな体験を私はすることになりました。

それでも仲間とともにEFTを学び、グリーンバーグ先生がEFTを行っている面接のDVDを見ることや、国内外のワークショップや学会で直接グリーンバーグ先生に触れてみることを通じて、徐々に私のなかの違和感は薄れていきました。少なくとも私の目には、セラピストが恣意的に介入をしているようには見えませんでした。実践として重視されているヒューマニスティックなセラピスト側の態度や姿勢、そして研究によって明らかにされてきた有効な介入手順や変化が生じるプロセス、この両者は正にEFTが重視する弁証法的作用のなかで統合されていくものなのかもしれないと思えるようになりました。同時に、統合の対象が単なる理論や技法レベルのことだけではないことにも気づかされ、統合的心理療法としてのEFTの奥深さにも触れられたように思いました。

このような体験をした私にとって、本書の翻訳に関われたことをとても嬉しく思います。EFTそれ自体の魅力はもちろん、ヒューマニスティックアプローチの関わり方の意義に分化した言葉を与え、流派間の理論や技法の統合だけではなく、実践と研究を統合するヒントを示唆するものとしても、本書が多くの方々の刺激になることを願っています。

用語集

用語	用語（訳）	解説（訳）
ABANDONED	見捨てられた	心理的または身体的に（または両方）ひとりぼっちで放っておかれる
ACCESSING	接触する	感情スキーマを活性化させる
ADAPTIVE	適応的	機能的で生存を助ける
ALLIANCE	（作業）同盟	セラピーの目標と課題での協力（協働）関係
ATTACHMENT	愛着（アタッチメント）	安全感を生み出す情緒的つながり
AVOIDANCE	回避	体験を遠ざけること（または体験を避ける）
AWARENESS	気づき	体験を象徴化するプロセス（心的操作）
BOND	感情的絆	クライエントとセラピストのあいだの確かな情動的つながり
CONJECTURE	推察	何を感じているか推測すること
CONSTRUCTIVIST	構築主義	その環境における状況や条件のなかから個人にとっての意味を見出すプロセス
CORRECTIVE EXPERIENCE	修正体験	過去の体験を変える新たな体験をすること
DENIED	否認された	意識上で認められない
DIALECTIAL	弁証法的	複数の側面が対立的であること
DIFFERENTIAL	分化	異なる現象に対する異なるアプローチ（を用いること）
DIRECTIVE	指示的	セラピストが先を行き、導くこと
DYNAMIC	動的	時間によって変動する

用語	用語（訳）	解説（訳）
DYSREGULATED	調整不全（の感情）	その状況への対処がうまく（適応的に）できないほどの強い感情
EMOTION	感情	ウェルビーイングの観点から状況に対してなされる自動的な評価
EMOTION AROUSAL	感情覚醒の高まり	表わされた感情がどのくらい活性化されているか
EMOTION PROCESSING	感情処理	喚起された感情を意味づける
EMOTION REGULATION	感情調整	感情体験を整えること
EMOTION SCHEME	感情スキーマ	感情を作り出す要素の内的集合体
EMPATHY	共感	他者の世界へと想像によって入ること
EMPTY-CHAIR DIALOGUE	空の椅子の対話	想像した他者に向かってクライエントが話しかけるための方法
EVOCATIVE	喚起的	体験を活性化させる
EXPERIENCING	体験過程	つねに変化しつづける身体内の流れに注意を向けて気づきに至ること
EXPLORATORY	探索的	潜在するものを探求すること
EXPRESSION	表出・表現	話されることに身体的に関わること
FACILITATE	促進する	クライエントの自己組織化プロセスの促進を助けるセラピストの働きかけ
FOCUSING	フォーカシング	身体的に感じられる感覚（フェルトセンス）に注意を向ける
GOAL	目標	セラピーの潜在的または顕在的な目的
IDENTITY	アイデンティティ	語りによって形作られる体験の統一感
INSTRUMENTAL EMOTION	道具感情	目的（無意識的なものも含む）を達成するために体験されたり行動化される感情
INTERVENTION	介入	セラピストの行為
MALADAPTIVE	不適応的	もはや機能的ではない

用語	用語（訳）	解説（訳）
Marker	指標	クライエントが取り組んでいる課題や関心事の指標、または現在の体験の状態の指標
Narrative	語り	行為者、行動、意図、話の筋が整合するように、体験が一貫性のある構造をもつように編成していくこと
Nonverbal	非言語的	表情、ジェスチャー（身振り）、声の表現
Primary emotion	一次感情	はじめに起こる自動的な感情反応（気づいているときも気づいていないときもある）
Problematic reactions	問題反応	ある状況に対する自身の反応に戸惑う面接中の状態
Productive	生産的	治療的に有用な（有益な）
Reflection	内省	意味を抽出するプロセス（心的操作）によって意味を作り出す（創造する）
Secondary emotion	二次感情	はじめに起こった内的な刺激に対する反応で、直前に起こった感情に対する反応であることが多い
Self	自己	変化していく体験の構造で環境との出会いの主体
Self-interruption	自己中断	自己の主体的な側面に、自己の他の側面に働きかける役割を取らせる方法（多くの場合はある感情を抑制させる）
Self-organization	自己組織（自己組織化）	自己の変化しつつある体験
Self-soothing	自己静穏	自分自身に対して優しく慈しみを向ける
Splits	分離	葛藤状態にある自己の二側面
Symbolizing	象徴化	何らかの形（多くの場合言語）で、体験を表象化する
Systematic evocative unfolding	系統的喚起展開法	探索を促進するために体験を鮮明に再喚起する
Task	課題	クライエントが取り組み、解決しようとする情動・認知的問題
Transformation	変容	感情に基礎をおく自己組織を変える

用語	用語（訳）	解説（訳）
Two-chair dialogue	二つの椅子の対話	対立する自己の2つの部分をそれぞれと向き合わせる方法
Undoing	打ち消す	ひとつの感情を他の感情と総合することによって変容する
Unfinished business	未完了の体験	重要な他者に対する未解決のいやな感情
Validating	認証する	他者の体験を認める
Vocal quality	声の質	治療的に生産的かどうかということによって異なる声質の種類
Voices	声 （複数の声）	異なる自己組織の表現

推薦図書

書籍

Angus, L. & Greenberg, L.（2011）*Working with Narrative in Emotion-Focused Therapy : A Clinician's Guide to Effective Treatment Practices.* Washington DC : American Psychological Association.［▶実証研究にもとづき、感情体験を促進する面接プロセスと語りの理論を統合した解説書］

Elliott, R., Watson, J.E., Goldman, R.N. & Greenberg, L.S.（2004）*Learning Emotion-Focused Therapy : The Process-Experiential Approach to Change.* Washington DC : American Psychological Association.［▶エモーション・フォーカスト・セラピーの技法習得のための詳細にわたる入門的解説書］

Greenberg, L.S.（2002）*Emotion-Focused Therapy : Coaching Clients to Work through Their Feelings.* Washington DC : American Psychological Association.［▶感情の機能から面接技法に至るまで網羅したエモーション・フォーカスト・セラピーの入門書（スペイン語、イタリア語、ドイツ語、中国語に翻訳され、日本語訳は近刊）］

Greenberg, L.S. & Goldman, R.N.（2008）*Emotion-Focused Couples Therapy : The Dynamics of Emotion, Love and Power.* Washington DC : American Psychological Association.［▶感情理論とシステム論、愛着理論を統合したエモーション・フォーカスト・セラピーのカップル療法の理論と実践に関する最新の概説書］

Greenberg, L.S. & Johnson, S.M.（1988）*Emotionally Focused Therapy for Couples.* New York, NY : Guilford Press.［▶カップルに対するエモーション・フォーカスト・セラピーの最初の解説書］

Greenberg, L.S. & Paivio, S.C.（1997）*Working with Emotions in Psychotherapy.* New York, NY : Guilford Press.［▶怒り、悲しみ、恐怖、など異なる感情への治療的作業を解説した実践家向けの解説書］

Greenberg, L.S., Rice, L. & Elliott, R.（1993）*Facilitating Emotional Change.* New York, NY : Guilford Press.［▶エモーション・フォーカスト・セラピーの元となったプロセス体験療法として介入プロセスを具体的に示した解説書。スペイン語、イタリア語、ドイツ語、日本語（岩壁茂＝訳『感情に働きかける面接技法――心理療法の統合的アプローチ』（誠信書房［2006］））に翻訳］

Greenberg, L.S. & Watson, J.（2006）*Emotion-Focused Therapy for Depression.* Washington DC : American Psychological Association.［▶著者らの実証的研究にもとづいて導かれたうつに対するエモーション・フォーカスト・セラピーの解説書であり、エビデンスアプローチとして認められた］

Greenberg, L.S., Watson, J. & Lietaer, G.（Eds.）（1998）*Handbook of Experiential Therapy.* New York, NY : Guilford Press.［▶体験療法のキーコンセプトを中心に編集された研究論文集］

Johnson, S.M.（2005）*The Practice of Emotionally Focused Marital Therapy : Creating Connection*（2nd ed.）. Florence, KY : Brunner-Routledge.［▶愛着に焦点を当てた、スー・ジョンソンによるカップルに対するエモーション・フォーカスト・セラピーの解説書］

Paivio, S.C. & Pascuel-Leone, A.（2010）*Emotion-Focused Therapy of Complex Trauma : An Integrative Approach.* Washington DC : American Psychological Association.［▶複雑性トラウマに対するエモーション・フォーカスト・セラピーの解説書］

Watson, J.C., Goldman, R. & Greenberg, L.S.（2007）*Case Studies in Emotion-Focused Treatment of Depression*. Washington DC : American Psychological Association.［▶成功３事例・失敗３事例の詳細を紹介し、比較している］

◢ 映像資料

American Psychological Association（producer）（1994）*Process-Experiential Psychotherapy*（Psychotherapy Series 1 : Systems of Psychotherapy）［Video］. Available at http://www.apa.org/pubs/videos
American Psychological Association（producer）（2005）*Emotion-Focused Therapy for Depression*（Psychotherapy Series 2 : Specific Treatments for specific populations）［Video］. Available at http://www.apa.org/pubs/videos
Psychological & Education Films（producer）（1989）*A Demonstration with Dr. Leslie Greenberg*（Integrative Psychotherapy : A Six-Part Series, Part 5）［Videos］. Corona Del Mar, CA : Psychological & Education Films.

◢ ウェブサイト

The website of the Emotion-Focused Therapy Clinic is http://www.emotionfocusedclinic.org

◢ EFTの効果研究文献

Elliott, R., Greenberg, L.S. & Lietaer, G.（2004）Research on experiential psychotherapy. In : M. Lambert（Ed.）*Bergin & Garfield's Handbook of Psychotherapy & Behavior Change*. New York, NY : Wiley, pp.493-539.［▶実際の研究をわかりやすくまとめた要約を含む］
Goldman, R.N., Greenberg, L.S. & Angus, L.（2006）The effects of adding emotion-focused interventions to the client-centered relationship conditions in the treatment of depression. *Psychotherapy Research 16*；536-546.
Greenberg, L.S. & Watson, J.（1998）Experiential therapy of depression : Differential effects of client-centered relationship conditions and process experiential interventions. *Psychotherapy Research 8*；210-224.
Johnson, S.M., Hunsley, J., Greenberg, L.S. & Schindler, D.（1999）Emotionally focused couples therapy : Status and challenges. *Clinical Psychology Science and Practice 6*；67-79.
Paivio, S.C. & Greenberg, L.S.（1995）Resolving "unanished business" : Efficacy of experiential therapy using empty-chair dialogue. *Journal of Consulting and Clinical Psychology 63*；419-425.
Paivio, S.C. & Nieuwenhuis, J.A.（2001）Efficacy of emotion focused therapy for adult survivors of child abuse : A preliminary study. *Journal of Traumatic Stress 14*；115-133.
Watson, J.C., Cordon, L.B., Stermac, L., Kalogerakos, F. & Steckley, P.（2003）Comparing the effectiveness of process-experiential with cognitive-behavioral psychotherapy in the treatment of depression. *Journal of Consulting and Clinical Psychology 71*；773-781.

参考文献

Adams, K.E. & Greenberg, L.S.（1996, June）*Therapists' Influence on Depressed Clients' Therapeutic Experiencing and Outcome*. Paper presented at the Forty-third Annual Convention for the Society for Psychotherapy Research, St.Amelia Island, FL.

Alexander, J.F., Holtzworth-Munroe, A. & Jameson, P.B.（1994）The process and outcome of marital and family therapy : Research review and evaluation. In : A.E. Bergin & S.L. Garfield（Eds.）*Handbook of Psychotherapy and Behavior Change*（4 th ed.）. Oxford, England : Wiley, pp.595-630.

Angus, L. & Greenberg, L.（in press）*Working with Narrative in Emotion-Focused Therapy : A Clinician's Guide to Effective Treatment Practices*. Washington DC : American Psychological Association.

Angus, L., Levitt, H. & Hardtke, K.（1999）The narrative processes coding system : Research applications and implications for psychotherapy practice. *Journal of Clinical Psychology 55* ; 1255-1270. doi:10.1002/(SICI)1097-4679(199910)55:10<1255::AlD-JCLP7>3.0.CO;2-F

Angus, L.E. & McLeod, J.（Eds.）（2004）*The Handbook of Narrative and Psychotherapy*. Thousand Oaks, CA : Sage.

Arnold, M.B.（1960）*Emotion and Personality*. New York, NY : Columbia University Press.

Auszra, L., Greenberg, L. & Herrmann, I.（2007）*Emotional Productivity in the Experiential Therapy of Depression*. Presentation at the international meeting of the Society for Exploration of Psychotherapy Integration, Lisbon, Portugal.

Baucom, D.H., Shoham, V., Mueser, K.T., Daiuto, A.D. & Stickle, T.A.（1998）Empirically supported couple and family interventions for marital distress and adult mental health problems. *Journal of Consulting and Clinical Psychology 66* ; 53-88. doi:10.1037/0022-006X.66.1.53

Beck, A.T.（1976）Cognitive Therapy and the Emotional Disorders. Oxford, England : International Universities Press.

Beutler, L.E., Engle, D., Mohr, D., Daldrup, R.I., Bergan, I., Meredith, K. & Merry, W.（1991）Predictors of differential response to cognitive, experiential and self-directed psychotherapeutic procedures. *Journal of Consulting and Clinical Psychology 59* ; 333-340.

Blatt, S.J. & Maroudas, C.（1992）Convergences among psychoanalytic and cognitive behavior. *Psychoanalytic Psychology 9* ; 157-190.

Bohart, A.C., Elliott, R., Greenberg, L.S. & Watson, J.C.（2002）Empathy. In : J. Norcross（Ed.）*Psychotherapy Relationships that Work*. New York, NY : Oxford University Press, pp.89-108.

Bohart, A.C. & Greenberg, L.S.（1997）*Empathy Reconsidered : New Directions in Psychotherapy*. Washington DC : American Psychological Association, pp.419-449. doi:10.1037/10226-031

Bordin, E.S.（1979）The generalizability of the psychoanalytic concept of the working alliance. *Psychotherapy 16*; 252-260. doi:10.1037/h0085885

Brody, L., Lovas, G. & Hay, D.（1995）Gender differences in anger and fear as a function of situational context. *Sex Roles 32*; 47-78. doi:10.1007/BF01544757

Bruch, H.（1973）*Eating Disorders : Obesity, Anorexia Nervosa and the Person Within*. New York, NY : Basic Books.

Buber, M.（1958）*I and Thou*（2nd ed.）. New York, NY : Scribner's.

Buber, M.（1965）*The Knowledge of Man*. New York, NY : Harper Torchbook.

Buss, D.M.（2003）*The Evolution of Desire : Strategies of Human Mating*. New York, NY : Basic Books.

Bydlowski, S., Corcos, M., Jeammet, P., Paterniti, S., Berthoz, S., Laurier, C. et al.（2005）Emotion-processing deficits in eating disorders. *The International Journal of Eating Disorders 37*; 321-329. doi:10.1002/eat.20132

Campbell, P.（2004）Diferential response, diagnosis and the philosophy of the implicit. *Person-Centered and Experiential Psychotherapist 3*; 244-255.

Campos, J.J., Frankel, C.B. & Camras, L.（2004）On the nature of emotion regulation. *Child Development 75*; 377-394. doi:10.1111/j.1467-8624.2004.00681.x

Carryer, J. & Greenberg, L.（2010）Optimal levels of emotional arousal in experiential therapy of depression. *Journal of Consulting and Clinical Psychology 78*; 190-199.

Castonguay, L.G., Goldfried, M.R., Wiser, S., Raue, P.J. & Hayes, A.M.（1996）Predicting the effect of cognitive therapy for depression : A study of unique and common factors. *Journal of Consulting and Clinical Psychology 64*; 497-504.

Coombs, M.M., Coleman, D. & Jones, E.E.（2002）Working with feelings : The importance of emotion in both cognitive-behavioral and interpersonal therapy in the NIMH Treatment of Depression Collaborative Research Program. *Psychotherapy 9*; 233-244. doi:10.1037/0033-3204.39.3.233

Damasio, A.（1999）*The Feeling of What Happens*. New York, NY : Harcourt-Brace.

Davidson, R.（2000a）Affective style, mood and anxiety disorders : An affective neuroscience approach. In : R. Davidson（Ed.）*Anxiety, Depression and Emotion*. Oxford, England : Oxford University Press, pp.88-108.

Davidson, R.（2000b）Affective style, psychopathology and resilience : Brain mechanisms and plasticity. *American Psychologist 55*; 1196-1214.

Debiec, J. & Ledoux, J.E.（2004）Disruption of reconsolidation but not consolidation of auditory fear conditioning by noradrenergic blockade in the amygdala. *Neuroscience 129*; 267-273.

Diamond, G. & Liddle, H.A.（1996）Resolving a therapeutic impasse between parents and adolescents in multidimensional family therapy. *Journal of Consulting and Clinical Psychology 64*; 481-488. doi:10.1037/0022-006X.64.3.481

Dolhanty, J. & Greenberg, L.S.（2007）Emotion-focused therapy in the treatment of eating disorders. *European Psychotherapy 7*; 97-116.

Dolhanty, I. & Greenberg, L.S.（2009）Emotion-focused therapy in a case of anorexia nervosa. *Clinical Psychology and Psychotherapy 16*; 336-382. doi:10.1002/cpp.624

Elliott, R., Greenberg, L.S. & Lietaer, G.（2004）Research on experiential psychotherapy. In : M. Lambert（Ed.）*Bergin & Garfield's Handbook of Psychotherapy & Behavior Change*. New York, NY : Wiley, pp.493-539.

Elliott, R., Watson, J.E., Goldman, R.N. & Greenberg, L.S.（2004）*Learning Emotion-Focused Therapy : The Process-Experiential Approach to Change*. Washington DC : American Psychological Association. doi:10.1037/10725-000

Ellison, J., Greenberg, L.S., Goldman, R.N. & Angus, L.（2009）Maintenance of gains following experiential therapies for depression. *Journal of Consulting and Clinical Psychology 77* ; 103-112.

Federicci, A. (2005) *Relapse and Recovery in Anorexia Nervosa : The Patient's Perspective* [microform]. Toronto, Canada : University of Toronto.

Feingold, A. (1994) Gender diferences in personality : A meta-analysis. *Psychological Bulletin 116* ; 429-456. doi:10.1037/0033-2909.116.3.429

Fischer, A.H. & Rodriguez Mosquer, P.M., Van Vianen, A.E.M. & Manstead, A.S.P. (2004) Gender and culture diferences in emotion. *Emotion 4* ; 87-94. doi:10.1037/1528-3542.4.1.87

Foa, E.B. & Jaycox, L.H. (1999) A Cognitive-behavioral theory and treatment of posttraumatic stress disorder. In : D. Spiegel (Ed.) *Efficacy and Cost-Effectiveness of Psychotherapy.* Washington DC : American Psychiatric Publishing, pp.23-61.

Fosha, D. (2000) *The Transforming Power of Affect : A Model of Accelerated Change.* New York, NY : Basic Books.

Frankl, V. (1959) *Man's Search for Meaning.* Boston, MA : Beacon.

Fredrickson, B.L. (2001) The role of positive emotions in positive psychology : The broaden-and-build theory of positive emotions. *American Psychologist 56* ; 218-226. doi:10.1037/0003-066X.56.3.218

Frijda, N.H. (1986) The Emotions. New York, NY : Cambridge University Press.

Geller, S. & Greenberg, L.S. (2002) Therapeutic presence : Therapists' experience of presence in the psychotherapy encounter in psychotherapy. *Person Centered & Experiential Psychotherapies 1* ; 71-86.

Geller, S. & Greenberg, L.S. (in press) *Therapeutic Presence : An Essential Way of Being.* Washington DC : American Psychological Association.

Gendlin, E.T. (1962) *Experiencing and the Creation of Meaning.* New York, NY : Free Press of Glencoe.

Gendlin, E.T. (1969) Focusing. *Psychotherapy 6* ; 4-15. doi:10.1037/h0088716

Gendlin, E.T. (1996) *A Focusing-Oriented Psychotherapy :A Manual of the Experiential Method.* New York, NY : Guilford Press.

Gendlin, E.T., Jenney, R.H. & Shlien, J.M. (1960) Counselor ratings of process and outcome in client-centered therapy. *Journal of Clinical Psychology 16* ; 210-213. doi:10.1002/1097-4679(196004)16:2<210::AID-JCLP2270160228>3.0.CO;2-J

Goldman, R.N., Greenberg, L.S. & Angus, L. (2006) The effects of adding emotion-focused interventions to the client-centered relationship conditions in the treatment of depression. *Psychotherapy Research 16* ; 537-549. doi:10.1080/10503300600589456

Goldman, R.H., Greenberg, L.S. & Pos, A.E. (2005) Depth of emotional experience and outcome. *Psychotherapy Research 15* ; 248-260. doi:10.1080/10503300512331385188

Gottman, J.M., Katz, L.F. & Hooven, C. (1996) Parental meta-emotion philosophy and the emotional life of families : Theoretical models and preliminary data. *Journal of Family Psychology 10* ; 243-268. doi:10.1037/0893-3200.10.3.243

Greenberg, L.S. (1979) Resolving splits : Use of the two chair technique. *Psychotherapy 16* ; 316-324. doi:10.1037/h0085895

Greenberg, L.S. (1980) The intensive analysis of recurring events from the practice of gestalt therapy. *Psychotherapy, Theory, Researche & Practice 17* ; 143-152.

Greenberg, L.S. (1983) Toward a task analysis of conflict resolution in gestalt therapy. *Psychotherapy 20* ; 190-201. doi:10.1037/h0088490

Greenberg, L.S. (1986) Change process research [Special issue]. *Journal of Consulting and Clinical Psychology 54* ; 4-9.

Greenberg, L.S. (1991) Research on the process of change. *Psychotherapy Research 1* ; 3-16. doi:10.1080/105

03309112331334011

Greenberg, L.S. (2002) *Emotion-Focused Therapy : Coaching Clients to Work through Their Feelings.* Washington DC : American Psychological Association. doi:10.1037/10447-000

Greenberg, L.S. (2007) A guide to conducting a task analysis of psychotherapeutic change. *Psychotherapy Research 17*; 15-30.

Greenberg, L.S. & Angus, L. (2004) The contributions of emotion processes to narrative change in psychotherapy : A dialectical constructivist approach. In : L. Angus & J. McLeod (Eds.) *Handbook of Narrative Psychotherapy : Practice, Theory and Research.* Thousand Oaks, CA : Sage, pp.331-349.

Greenberg, L.S., Auszra, L & Hermann, I.R. (2007) The relationship among emotional productivity, emotional arousal and outcome in experiential therapy of depression. *Psychotherapy Research 17*; 482-493. doi:10.1080/10503300600977800

Greenberg, L.S. & Bolger, L. (2001) An emotion-focused approach to the overregulation of emotion and emotional pain. *In-Session 57*; 197-212.

Greenberg, L.S. & Clarke, C.M. (1979) Differential effects of the two-chair experiment and empathic reaections at a conflict marker. *Journal of CounSeing Psychology 26*; 1-8. doi:10.1037/0022-0167.26.1.1

Greenberg, L.S. & Elliott, R. (1997) Varieties of empathic responding. In : A.C. Bohart & L.S. Greenberg (Eds.) *Empathy Reconsidered : New Directions in Psychotherapy.* Washington DC : American Psychological Association, pp.167-186. doi:10.1037/10226-007

Greenberg, L.S., Elliott, R.K. & Foerster, F.S. (1990) Experiential processes in the psychotherapeutic treatment of depression. In : C.D. McCann & N.S. Endler (Eds.) *Depression : New Direction in Theory, Research and Practice.* Toronto, Ontario, Canada : Wall & Emerson, pp.157-185.

Greenberg, L.S., Elliott, R.K. & Lietaer, G. (1994) Research on experiential psychotherapist. In : A.E. Bergin & S.L. Garfield (Eds.) *Handbook of Psychotherapy and Behavior Change* (4th ed.). Oxford, England : Wiley.

Greenberg, L.S. & Foerster, F.S. (1996) Task analysis exemplified : The process of resolving unfinished business. *Journal of Consulting and Clinical Psychology 64*; 439-446. doi:10.1037/0022-006X.64.3.439

Greenberg, L.S., Ford, C.L., Alden, L.S. & Johnson, S.M. (1993) In-session change in emotionally focused therapy. *Journal of Consulting and Clinical Psychology 61*; 78-84. doi:10.1037/0022-006X.61.1.78

Greenberg, L.S. & Goldman, R.N. (2008) *Emotion-Focused Couples Therapy : The Dynamics of Emotion, Love and Power.* Washington DC : American Psychological Association. doi:10.1037/11750-000

Greenberg, L.S. & Johnson, S.M. (1986) Affect in marital therapy. *Journal of Marital and Family Therapy 12*; 1-10. doi:10.1111/j.1752-0606.1986.tb00630.x

Greenberg, L.S. & Johnson, S.M. (1988) *Emotionally Focused Therapy for Couples.* New York, NY : Guilford Press.

Greenberg, L.S. & Korman, L. (1993) Assimilating emotion into psychotherapy integration. *Journal of Psychotherapy Integration 3*; 249-265.

Greenberg, L.S., Korman, L. & Paivio, S. (2001) Emotion in humanistic therapy. In : D. Cain & I. Seeman (Eds.) *Humanistic Psychotherapies : Handbook of Research and Practice.* Washington DC : American Psychological Association, pp.499-530.

Greenberg, L.S., & Malcolm, W. (2002) Resolving unfinished business : Relating process to outcome. *Journal of ConSulting and Clinical Psychology 70*; 406-416. doi:10.1037/0022-006X.70.2.406

Greenberg, L.S. & Paivio, S.C. (1997) *Working with Emotions in Psychotherapy.* New York, NY : Guilford Press.

Greenberg, L.S. & Pascual-Leone, J. (1995) A dialectical constructivist approach to experiential change. In

: R.A. Neimeyer & M.J. Mahoney (Eds.) *Constructivism in psychotherapy.* Washington DC : American Psychological Association, pp.169-191. doi:10.1037/10170-008

Greenberg, L.S. & Pascual-Leone, J. (1997) Emotion in the creation of personal meaning. In : M.I. Power & C.R. Brewin (Eds.) *The Transformation of Meaning in Psychological Therapies : Integrating Theory and Practice.* Hoboken, NJ : John Wiley & Sons, pp.157-173.

Greenberg, L.S. & Pascua-Leone, J. (2001) A dialectical constructivist view of the creation of personal meaning. *Journal of Constructivist Psychology 14* ; 165-186. doi:10.1080/10720530151143539

Greenberg, L.S. & Pedersen, R. (2001, November) *Relating the degree of resolution of in-session self criticism and dependence to outcome and follow-up in the treatment of depression.* Paper presented at the conference of the North American Chapter of the Society for Psychotherapy Research, Puerto Vallarta, Mexico.

Greenberg, L.S. & Pinsof, W.M. (1986) *Psychotherapeutic Process : A Research Handbook.* New York, NY : Guilford Press.

Greenberg, L.S., Rice, L. & Elliott, R. (1993) *Facilitating Emotional Change.* New York, NY : Guilford Press.

Greenberg, L.S. & Safran, J.D. (1984) Hot cognition-emotion coming in from the cold : A reply to Rachman and Mahoney. *Cognitive Therapy and Research 18* ; 591-598. doi:10.1007/BF01173257

Greenberg, L.S. & Safran, J.D. (1987) *Emotion in Psychotherapy : Affect, Cognition and the Process of Change.* New York, NY : Guilford Press.

Greenberg, L.S. & Van Balen, R. (1998) The theory of experience-centered therapies. In : L.S. Greenberg, J.C. Watson & G. Lietaer (Eds.) *Handbook of Experiential Psychotherapy.* New York, NY : Guilford Press, pp.28-57.

Greenberg, L.S., Warwar, S.H & Malcolm, W.M. (2008) Differential effects of emotion-focused therapy and psychoeducation in facilitating for giveness and letting go of emotional injuries. *Journal of Counseling Psychology 55* ; 185-196. doi:10.1037/0022-0167.55.2.185

Greenberg, L.S., Warwar, N. & Malcolm, W.M. (2010) Emotion-focused couples therapy and the facilitation of forgiveness. *Journal of Marital and Family Therapy 36* ; 28-42.

Greenberg, L.S. & Watson, J. (1998) Experiential therapy of depression : Differential effects of client-centered relationship conditions and process experiential interventions. *Psychotherapy Research 8* ; 210-224. doi:10.1093/ptr/8.2.210

Greenberg, L.S. & Watson, J.C. (2006) *Emotion-Focused Therapy for Depression.* Washington DC : American Psychological Association. doi:10.1037/11286-000

Greenberg, L.S. & Watson, J.C. & Goldman, R. (1998) Process-experiential therapy for depression. In : L.S. Greenberg, J.C. Watson & R. Goldman (Eds.) *Handbook of Experiential Psychotherapy.* New York, NY : Guilford Press, pp.227-248.

Greenberg, L.S., Watson, J. & Lietaer, G. (Eds.) (1998) *Handbook of Experiential Therapy.* New York, NY : Guilford Press.

Greenberg, L.S.. & Webster, M.C. (1982) Resolving decisional conflict by gestalt two-chair dialogue : Relating process to outcome. *Journal of Counseling Psychology 29* ; 468-477. doi:10.1037/0022-0167.29.5.468

Gross, I.I. (2002) Emotion regulation : Affective, cognitive and social consequences. *Psychophy Siology 39* ; 281-291. doi:10.1017/S0048577201393198

Guidano, V.F. (1995) Self-observation in constructivist psychotherapy. In : R.A. Neimeyer & M.J. Mahoney (Eds.) *Constructivism in Psychotherapy.* Washington DC : American Psychological Association, pp.155-168. doi:10.1037/10170-007

Hapbach, A., Gomez, R., Hardt, O. & Nadel, L. (2007) Reconsolidation of episodic memories : A subtle reminder triggers integration of new information. *Learning and Memory 17*; 355-363.

Hendricks, M. (2009) Experiencing level : An instance of developing a variable from a first person process so that it can be reliably measured and taught. *Journal of Consciousness Studies 16*; 129-155.

Hermann, I., Greenberg, L.S. & Auszra, J. (2007) *Emotion types and sequences in corrective emotional experiences*. Paper presented at the international meeting of the Society for Exploration of Psychotherapy Integration, Lisbon, Portugal.

Honos-Webb, L., Stiles, W.B., Greenberg, L.S. & Goldman, R. (1998) Assimilation analysis of process-experiential psychotherapy : A comparison of two cases. *Psychotherapy Research 8*; 264-286. doi:10.1093/ptr/8.3.264

Honos-Webb, L, Surko, M., Stiles, W.B. & Greenberg, L.S. (1999) Assimilation of voices in psychotherapy : The case of Jan. *Journal of Counseling Psychology 46*; 448-460. doi:10.1037/0022-0167.46.4.448

Horvath, A.O & Greenberg, L.S. (1989) Development and validation of the Working Alliance Inventory. *Journal of Counseling Psychology 36*; 223-233. doi:10.1037/0022-0167.36.2.223

Horvath, A. & Greenberg, L.S. (Eds.) (1994) *The Working Alliance : Theory, Research and Practice*. New York, NY : Wiley.

Iberg, J.R. (1996) Finding the body's next step : Ingredients and hindrances. *The Folio : A Journal for Focusing and Experiential Psychotherapy 17*; 23-32.

James, W. (1890) *The Principles of Psychology*. Oxford, England : Holt.

Johnson, C. & Larson, R. (1982) Bulimia : An analysis of moods and behavior. *Psychosomatic Medicine 44*; 341-351.

Johnson, S.M. (2004) Attachment theory : A guide for healing couple relationships. In : W.S. Rholes & J.A. Simpson (Eds.) *Adult Attachment : Theory, Research and Clinical Implications*. New York, NY : Guilford Press, pp.367-387.

Johnson, S.M. & Greenberg, L.S. (1985) Emotionally focused couples therapy : An outcome study. *Journal of Marital and Family Therapy 11*; 313-317. doi:10.1111/j.1752-0606.1985.tb00624.x

Johnson, S.M. & Greenberg, L.S. (1988) Relating process to outcome in marital therapy. *Journal of Marital and Family Therapy 14*; 175-183. doi:10.1111/j.1752-0606.1988.tb00733.x

Johnson, S.M., Hunsley, J., Greenberg, L.S. & Schindler, D. (1999) Emotionally focused couples therapy : Status and challenges. *Clinical Psychology Science and Practice 6*; 67-79. doi:10.1093/clipsy/6.1.67

Jones, E.E. & Pulos, S.M. (1993) Comparing the process of psychodynamic and cognitive-behavioral therapist. *Journal of Consulting and Clinical Psychology 61*; 306-316. doi:10.1037/0022-006X.61.2.306

Kearney-Cooke, A. & Striegel-Moore, R. (1997) The etiology and treatment of body image disturbance. In : D.M. Garner & P.E. Garfinkel (Eds.) *Handbook of Treatment for Eating Disorders* (2nd ed.). New York, NY : Guilford Press, pp.295-306.

Kennedy-Moore, E. & Watson, J.C. (1999) *Expressing Emotion : Myths, Realities and Therapeutic Strategies*. New York, NY : Guilford Press.

Kiesler, D.J., Mathieu, P.L. & Klein, M.H. (1967) Measurement of conditions and process variables. In : C. Rogers, E.T. Gendlin, D. Kiesler & C.B. Truax (Eds.) *The Therapeutic Relationship and Its Impact : A Study of Psychotherapy with Schizophrenics*. Madison : University of Wisconsin, pp.135-185.

Kitayma, S., Mesquita, B. & Karasawa, M. (2006) Cultural affordances and emotional experience : Socially engaging and disengaging emotions in Japan and the United States. *Journal of Personality and Social Psychology 91*; 890-903. doi:10.1037/0022-3514.91.5.890

Klein, M.H., Mathieu, P.L., Gendlin, E.T. & Kiesler, D.I. (1969) *The Experiencing Scale : A Research and Training Manual* (Vol.1). Madison : Wisconsin Psychiatric Institute.

LeDoux, J.（1996） *The Emotional Brain : The Mysterious Underpinnings of Emotional Life.* New York, NY : Simon and Schuster.

Leijssen, M.（1996） Characteristics of a healing inner relationship. In : R. Hutterer, G. Pawlowsky, P.F. Scmid & R. Stipsits（Eds.） *Client-Centered and Experiential Psychotherapy towards the Nineties.* Leuven, Belgium : Leuven University Press, pp.225-250.

Leijssen, M., Lietaer, G., Stevens, I. & Wels, G.（2000） Focusing training for stagnating clients : Ananalysis of four cases. In : I. Marques-Teixeira & S. Antunes（Eds.） *Client-Centered and Experiential Psychotherapy.* Lindaa Velha : Vale & Vale, pp.207-224.

Lewin, J.（2000） *A Both Sides of the Coin : Comparative Analyses of Narrative Process Patterns in Poor and Good Outcome Dyads Engaged in Brief Experiential Psychotherapy for Depression*（Unpublished master's thesis）. Toronto, Ontario, Canada : York University.

Lieberman, M.D., Eisenberger, N.I, Crockett, M.I., Tom, S.M., Pfeifer, I.H. & Baldwin, M.（2004） Putting feelings into words : Affect labeling disrupts amygdala activity in response to affective stimuli. *Psychological Science 18* ; 421-428.

Linehan, M.M.（1993） *Cognitive-Behavioral Treatment of Borderline Personality Disorder.* New York, NY : Guilford Press.

Mackay, B.A.N.（1996） The gestalt two chair technique : How it relates to theory. *Dissertation Abstracts Internaational : Section B : The Sciences and Engineering 57* ; 2158.

Makinen, J.A. & Johnson, S.M.（2006） Resolving attachment injuries in couples using emotionally focused therapy : Steps toward forgiveness and reconciliation. *Journal of Consulting and Clinical Psychology 74* ; 1055-1064. doi:10.1037/0022-006X.74.6.1055

May, R.（1977） *The Meaning of Anxiety*（rev.ed.）. New York, NY : Norton.

May, R. & Yalom, I.D.（1989） Existential psychotherapy. In : R.J. Corsini & J. Raymond（Eds.） *Current Psychotherapies*（4th ed.）. Itasca, IL : Peacock, pp.363-402.

Markowitsch, H.J.（1998-1999） Differential contribution of right and left amygdale to affective information processing. *Behavioural Neurology 11* ; 233-244.

Matsumoto, D., Yoo, S. & Nakagawa, S.（2008） Culture, emotion regulation and adjustment. *Journal of Personality and Social Psychology 94* ; 925-937. doi:10.1037/0022-3514.94.6.925

McGaugh, J.L.（2000, January14） Memory : A century of consolidation. *Science 287* ; 248-251. doi:10.1126/science.287.5451.248

McKinnon, J. & Greenberg, L.S.（2009） Revealing underlying vulnerable emotion in couple therapy : Impact on session and final outcome. *Journal of Marital and Family Therapy 35.*

McMain, S.F.（1996） Relating changes in self-other schemas to psychotherapy outcome. *Dissertation Abstracts International : Section B : The Sciences and Engineering 56* ; 57-75.

McMain, S.F., Goldman, R. & Greenberg, L.S.（1996） Resolving unfinished business : A program of study. In : W. Dryden（Ed.） *Research in Counseling and Psychotherapy : Practical Applications.* Thousand Oaks, CA : Sage, pp.211-232.

Missirlian, T.M., Touknanian, S.G., Warwar, S.H. & Greenberg, L.S.（2005） Emotional arousal, client perceptual processing and the working alliance in experiential psychotherapy for depression. *Journal of Consulting and Clinical Psychology 73* ; 861-871. doi:10.1037/0022-006X.73.5.861

Moscovitch, M. & Nadel, L.（1997） Memory consolidation and the hippocampal complex. Current Opinions in Neurobiology 7 ; 217-227.

Nadel, L. & Bohbot, V.（2001） Consolidation of Memory. *Hippocampus 11* ; 56-60.

Nader, K., Schafe, G. & LeDoux, I.（2000） Consolidation. Reconsolidation. A test of whether reconsolidation depends on reactivation of the memory. *Nature 406* ; 722-726.

Neimeyer, R. & Mahoney, M.（1995）*Constructivism in Psychotherapy.* Washington DC : American Psychological Association. doi:10.1037/10170-000

Oatley, K.（1992）*Best Laid Schemes.* New York, NY : Cambridge University Press.

Orlinsky, D.E. & Howard, K.I.（1986）Process and outcome in psychotherapy. In : S. Garaeld & A. Bergin（Eds.）*Handbook of Psychotherapy and Behavior Change.* New York, NY : Wiley, pp.311-381.

Paivio, S. & Pascual-Leone, A.（2010）*Emotion-Focused Therapy for Complex Trauma : An Integrative Approach.* Washington DC : American Psychological Association.

Paivio, S.C. & Bahr, L.M.（1998）Interpersonal problems, working alliance and outcome in short-term experiential therapy. *Psychotherapy Research 8* ; 392-407. doi:10.1093/ptr/8.4.392

Paivio, S.C. & Greenberg, L.S.（1995）Resolving "unanished business" : Efficacy of experiential therapy using empty-chair dialogue. *Journal of Consulting and Clinical Psychology 63* ; 419-425. doi:10.1037/0022-006X.63.3.419

Paivio, S.C., Hall, I.E., Holowaty, K.A.M., Jellis, J.B. & Tran, N.（2001）Imaginal confrontation for resolving child abuse issues. *Psychotherapy Research 11* ; 433-453. doi:10.1093/ptr/11.4.433

Paivio, S.C., Holoway, K.A.M. & Hall,I.E.（2004）The influence of therapist adherence and competence on client reprocessing of child abuse memories. *Psychotherapy 41* ; 56-68. doi:10.1037/0033-3204.41.1.56

Paivio, S.C. & Nieuwenhuis, J.A.（2001）Efficacy of emotion focused therapy for adult survivors of child abuse : A preliminary study. *Journal of Traumatic Stress 14* ; 115-133. doi:10.1023/A:1007891716593

Pascual-Leone, A.（2009）Dynamic emotional processing in experiential therapy : Two steps forward, one step back. *Journal of Consulting and Clinical Psychology 77* ; 113-126. doi:10.1037/a0014488

Pascua-Leone, A. & Greenberg, L.S.（2007）Emotional processing in experiential therapy : Why "the only way out is through". *Journal of Consulting and Clinical Psychology 75* ; 875-887. doi:10.1037/0022-006X.75.6.875

Pascual-Leone, A., Greenberg, L.S. & Pascual-Leone, J.（2009）Developments in task analysis : New methods to study change. *Psychotherapy Research 19* ; 527-542.

Pascua-Leone, J.（1987）Organismic processes for neo-Piagetian theories : A dialectical causal account of cognitive development. *International Journal of Psychology 22* ; 531-570. doi:10.1080/00207598708246795

Pascual-Leone, J.（1988）Organismic processes for neo-Piagetian theories : A dialectical causal account of cognitive development. In : A. Demetriou（Ed.）*The Neo-Piagetian Theories of Cognitive Development : Toward an integration.* Oxford, England : North-Holland, pp.25-64.

Pascual-Leone, J.（1991）Emotions, development and psychotherapy : A dialectical constructivist perspective. In : I. Safran & L.S. Greenberg（Eds.）*Emotion, Psychotherapy and Change.* New York, NY : Guilford Press, pp.302-335.

Pascual-Leone, J. & Johnson, I.（1999）A dialectical constructivist view of representation : Role of mental attention, executives and symbols. In : I.E. Sigel（Ed.）*Development of Mental Representations : Theories and Applications.* Mahwah, NJ : Erlbaum, pp.168-200.

Pennebaker, J.W.（1995）*Emotion, Disclosure and Health.* Washington DC : American Psychological Association. doi:10.1037/10182-000

Perepeluk, D.（2003）*Relating clients reports of emotional intensity to resolution of emotional injuries and forgiveness*（Unpublished honors thesis）. York University, Toronto, Ontario, Canada.

Perls, F.S.（1947）*Ego, Hunger and Aggression.* London, England : Allen & Unwin.

Perls, F.S.（1969）*Gestalt Therapy Verbatim.* Moab, UT : Real People Press.

Perls, F.S., Hefferline, R.F. & Goodman, P.（1951）*Gestalt Therapy.* New York, NY : Dell.

Piaget, J. & Inhelder, B.（1973）*Memory and Intelligence.* London, England : Routledge and Kegan Paul.

Pos, A., Greenberg, L.S., Goldman, R.N. & Korman, L.M.（2003）Emotional processing during experiential treatment of depression. *Journal of Consulting and Clinical Psychology 71*； 1007-1016. doi:10.1037/0022-006X.71.6.1007

Pos, A., Greenberg, L.S. & Warwar, S.（2009）Testing a model of change in the experiential treatment of depression. *Journal of Consulting and Clinical Psychology 77*； 1055-1066.

Resnick, R.（1995）Gestalt therapy : Principles, prisms and perspectives. *British Gestalt Journal 14-1*； 3-13.

Rice, L.N.（1974）The evocative function of the therapist. In： D. Wexler & L.N. Rice（Eds.）*Innovations in Client-Centered Therapy.* New York, NY : Wiley, pp.289-311

Rice, L. & Greenberg, L.S.（Eds.）（1984）*Patterns of Change : An Intensive Analysis of Psychotherapeutic Process.* New York, NY : Guilford Press.

Rice, L.N. & Kerr, G.P.（1986）Measures of client and therapist vocal quality. In : L.S. Greenberg & W. Pinsof（Eds.）*The Psychotherapeutic Process : A Research Handbook.* New York, NY : Guilford Press, pp.73-105.

Rice, L.N. & Saperia, E.P.（1984）Task analysis and the resolution of problematic reactions. In : L.N. Rice & L.S. Greenberg（Eds.）*Patterns of Change.* New York, NY : Guilford Press, pp.29-66.

Rogers, C.R.（1957）The necessary and sufficient conditions of therapeutic personality change. *Journal of Consulting Psychology 21*； 95-103.

Rogers, C.R.（1959）A theory of therapy, personality and interpersonal relationships, as developed in the client-centered framework. In : S. Koch（Ed.）*Psychology : A Study of Ascience*（Vol.3）. New York, NY : McGraw Hill, pp.184-256.

Safdar, S., Friedlmeier, W., Matsumoto, D., Yoo, S., Kwantes, K. Kakai, H. & Shigemasu, E.（2009）Variations of emotional display rules with in and across cultures. A comparison between Canada, USA and Japan. *Canadian Journal of Behavioural Science 41*； 1-10.

Schore, A.N.（1994）*Affect Regulation and the Origin of the Self : The Neurobiology of Emotional Development.* Hillsdale, NJ : Erlbaum.

Schore, A.N.（2003）*Affect Dysregulation & Disorders of the Self.* New York, NY : Norton.

Sicoli, L.A. & Hallberg, E.T.（1998）Ananalysis of client performance in the two-chair method. *Canadian Journal of Counselling 32*； 151-162.

Silberschatz, G., Fretter, P.B. & Curtis, J.T.（1986）How do interpretations influence the process of psychotherapy？ *Journal of Consulting and Clinical Psychology 54*； 646-652. doi:10.1037/0022-006X.54.5.646

Sroufe, L.A.（1996）*Emotional Development : The Organization of Emotional Life in the Early Years. Cambridge Studies in Sociale Emotional Development.* New York, NY : Cambridge University Press. doi:10.1017/CBO9780511527661

Stern, D.N.（1985）*The Interpersonal World of the Infant.* New York, NY : Basic Books.

Stern, D.N.（1995）Self/other differentiation in the domain of intimates socio-affective interaction : Some considerations. In : P. Rochat（Ed.）*The Self in Infancy : Theory and Research.* Amsterdam, Netherlands : North-Holland/EIsevier Science, pp.419-429. doi:10.1016/S0166-4115(05)80022-6

Taylor, C.（1990）*Human Agency and Language.* New York, NY : Cambridge University Press.

Thelen, E. & Smith, L.B.（1994）*A dynamic Systems Approach to the Development of Cognition and Action.* Cambridge, MA : The MIT Press.

Toukmanian, S.G.（1992）Studying the client's perceptual processes and their outcomes in psychotherapy. In : D.L. Rennie & S.G. Toukmanian（Eds.）*Psychotherapy Process Research : Paradigmatic and Narrative Approaches.* Thousand Oaks, CA : Sage, pp.77-107.

Treasure, J.L., Schmidt, U.H. & Troop, N.A.（2000）Cognitive analytic therapy and the transtheoretical framework. In : K.I. Miller & I.S. Scott (Eds.) *Comparative Treatments for Eating Disorders*. New York, NY : Springer, pp.284-308.

Trevarthen, C. (2001) Intrinsic motives for companionship in understanding : Their origin, development and significance for infant mental health. *Infant Mental Health Journal 22* ; 95-131. doi:10.1002/1097-0355(200101/04)22.:1<95::AIDIMHJ4>3.0.CO;2-6

Tucker, D.M. (1981) Lateral brain function, emotion and conceptualization. *Psychological Bulletin 89* ; 19-46. doi:10.1037/0033-2909.89.1.19

Warwar, S. (2003) *Relating Emotional Processes to Outcome in Experiential Psychotherapy of Depression (Unpublished doctoral dissertation)*. York University. Toronto, Ontario, Canada.

Warwar, S.H. (2005) Relating emotional processing to outcome in experiential psychotherapy of depression. *Dissertation Abstracts International : Section B : The Sciences and Engineering 66*, 581.

Warwar, S.H. & Greenberg, L.S. (1999) *Client Emotional Arousal Scale-III (Unpublished manuscript)*. York University. Toronto, Ontario, Canada.

Warwar, S.H. & Greenberg, L.S. (2000) Advances in theories of change and counseling. In : S.D. Brown & R.W. Lent (Eds.) *Handbook of Counseling Psychology (3rd ed.)*. New York, NY : Wiley, pp.571-600.

Warmar, S.H., Links, P.S., Greenberg, L.S. & Bergmans, Y. (2008) Emotion-focused principles for working with borderline personality disorder. *Journal of Psychiatric Practice 14* ; 94-104. doi:10.1097/01.pra.0000314316.02416.3e

Watson, J.C. (1996) The relationship between vivid description, emotional arousal and in-session resolution of problematic reactions. *Journal of Consulting and Clinical Psychology 64* ; 459-464. doi:10.1037/0022-006X.64.3.459

Watson, J.C. & Geller, S.M. (2005) The relationship among relationship conditions, working alliance and outcome in both process-experiential and cognitive-behavioral psychotherapy [special issue : The Therapeutic Relationship]. *Psychotherapy Research 15* ; 25-33.

Watson, J.C., Cordon, L.B., Stermac, L., Kalogerakos, F. & Steckley, P. (2003) Comparing the effectiveness of process-experiential with cognitive-behavioral psychotherapy in the treatment of depression. *Journal of Consulting and Clinical Psychology 71* ; 773-781. doi:10.1037/0022-006X.71.4.773

Watson, J.C. & McMullen, E. (2005) An examination of therapist and client behavior in high- and low-alliance sessions in cognitive-behavioral therapy and Process experiential therapy. *Psychotherapy : Theory, Research, Practice, Training 42* ; 197-310.

Watson, J.C. & Rennie, D.L. (1994) Qualitative analysis of clients, subjective experience of signicant moments durlng the exploration of problematic reactions. *Journal of Counseling Psychology 41* ; 500-509. doi:10.1037/0022-0167.41.4.500

Weakland, I. & Watzlawick, P. (1979) *The Interactional View : Studies at the Mental Research Institute, Palo Alto, 1965-1974*. New York, NY : Norton.

Weerasekera, P., Linder, B., Greenberg, L.S. & Watson, J. (2001) The working alliance inc lient-centered and process-experiential therapy of depression. *Psychotherapy Research 11* ; 221-233. doi:10.1093/ptr/11.2.221

Wheeler, G. (1991) *Gestalt Reconsidered : A new Approach to Contact and Resistance*. New York, NY : Gardner Press.

Whelton, W.J. (2004) Emotional processes in psychotherapy : Evidence across therapeutic modalities. *Clinical Psychology & Psychotherapy 11* ; 58-71. doi:10.1002/cpp.392

Whelton, W.J. & Greenberg, L.S. (2001) The self as a singular multiplicity : A process-experiential perspective. In : J.C. Muran (Ed.) *Self-relations in the Psychotherapy Process*. Washington DC : American Psychological Association, pp.87-110. doi:10.1037/10391-004

Whelton, W. & Greenberg, L.S.（2005）Emotion in self-criticism. *Personality and Individual Differences 38*; 1583-1595.

Wilson, G.T. & Vitousek, K.M.（1999）Self-monitoring in the assessment of eating disorders. *Psychological Assessment 11*; 480-489. doi:10.1037/1040-3590.11.4.480

Yalom, I.D.（1980）*Existential Psychotherapy.* New York, NY : Basic Books.

Yontef, G.M.（1995）Gestalt therapy. In : A.S. Gurman & S.B. Messer（Eds.）*Essential Psychotherapies : Theory and Practice.* New York, NY : Guilford Press, pp.261-303.

索引

A-Z

EFT
　——に対する批判...175
　——の訓練...170-172
　うつ病に対する——....145, 146, 150, 154, 164, 165
　大うつ病に対する——.................................146
PTSD...077

あ行

愛着........021, 045, 048, 080, 106, 112, 148, 157, 168, 185
アイデンティティ.........024, 045, 048, 050, 052, 081, 099, 106, 112, 148, 168, 186
アレキシサイミア...073
怒り...126
　——の体験...068
　適応的な——................074, 090, 100, 101, 106
痛みのコンパス.....................................112, 118
一次感情........032, 061, 087, 090, 094, 096, 104, 112, 115, 141, 187
　中核的な——...104
一次適応感情反応...060
一次不適応感情......060, 097, 099, 100, 102, 105, 107, 170
一貫性...049
意味生成...069
意味創造（意味の創造）.........018, 024, 030, 031, 038, 050, 053, 151, 155
ウェルビーイング...................051, 053, 082, 186
うつ.............073, 076-078, 114, 115, 129-131, 171
　依存的な——..131
　自己批判的な——......................................131
うつ病......027, 043, 089, 113, 146, 154, 163, 164
エビデンス......025, 041, 045, 145, 155, 160, 165, 170, 171
エモーション・フォーカスト・トラウマセラピー..045
嘔吐...140, 141

か行

快感...052, 053, 071, 158, 160
外傷的体験...060
回避...073, 076
　感情の——....................080, 081, 130, 141, 149
　体験の——...073, 096
　対人——..100
学習........024, 054, 055, 060, 062, 072, 075, 077, 080, 083, 086, 133-135, 140, 172
学習理論...073
覚醒水準...091, 093
過食症...140, 142
課題原則...087
　主体性と選択の促進.................................087
　状況に応じた処理.....................................087
課題分析...156, 167, 168, 177
語り.........020, 021, 024, 025, 045, 047, 049, 055, 057, 058, 063, 065, 066, 081, 082, 092, 098, 099, 104, 110-113, 161, 162, 168, 169, 186, 187
　——の形成...069
　首尾一貫した——.....................................099
　——の構成...073
カタルシス..020, 032, 100
価値の条件..028, 029, 035
葛藤分離..122, 135, 157
カップルセラピー.........021, 022, 042, 043, 045, 054, 148, 154, 168, 171
空の椅子...110, 120-122, 126, 136, 142, 143, 146, 147, 154, 158, 160, 186
　——の作業...122, 143
　——の対話....110, 120, 121, 126, 136, 146, 147, 154, 158, 160, 186
関係原則...086

202

共感的波長合わせ 086, 088, 089, 110
　　現前 023, 034, 086
　　ロジャース派の中核条件 086
関係モデル 050
感情アセスメント 088, 090
感情覚醒 ...033, 079, 081, 107, 149-156, 165, 170, 186
感情記憶 054, 055, 131
感情コーチ 044, 078, 088, 171-173
感情コンピテンス 024, 171, 172
感情資源 102, 150
感情焦点化コーピング 044
感情処理 034, 048, 057, 073, 079, 085, 086, 097, 105, 107, 112, 122, 143, 153, 154, 172, 186
　　——のスタイル 115
感情スキーマ ...043-045, 047, 054, 056, 058, 059, 061, 063, 064, 075, 076, 105, 131, 133, 134, 138, 141, 153, 162, 169, 185, 186
　　——記憶 024, 048, 055, 077, 078, 102, 130
　　——の記憶構造 077
　　中核的—— 075, 076
　　中核の不適応—— 130, 134
感情静穏 086, 091
感情生成 063, 080
感情知能 024, 078, 173
感情調整 040, 044, 045, 049, 052, 053, 072, 073, 078-081, 086, 088, 089, 091, 092, 095, 097, 128, 130, 140, 141, 155, 169, 172, 186
　　——不全 073, 081, 088, 097, 128, 141
　　二者関係における—— 079
　　二者関係における協同的—— 086
感情的困難 073
感情的生産性 153
感情的な痛み 023, 152
感情表出 020, 022, 044, 052, 059, 061, 089, 095, 096, 128, 129, 152, 154, 155, 170
感情プロセス処理 ...147, 149-151, 153, 156, 157, 165
感情変容 018, 020, 023, 025, 086, 090, 095, 097, 099, 101, 143, 170, 176
感情リテラシー 024, 171, 172
感情理論 017, 027, 047, 053, 181
傷つき 043, 072, 077, 104, 106, 107, 117, 124, 125, 148, 154, 156, 158, 168
　　感情的—— 043, 147, 148
　　自尊心の—— 072
　　未解決の—— 122
絆 022, 041, 042, 104, 164, 185
偽装感情 061
気づき 037, 051, 095, 104
　　感情への—— 083, 093, 095, 142, 154, 172
機能不全 024, 028, 030, 036, 039, 047, 049, 060, 069, 072-074, 076, 078, 080-082, 131, 141
機能論 030, 048
気分調整行動 140
虐待 055, 057, 060, 072, 075, 100, 101, 115, 122, 147, 154, 159, 160, 165
境界性パーソナリティ障害 027, 073
共感
　　関係的—— 171
　　——的関係性 086
　　——的再焦点づけ 091
　　——的推察 094, 111, 113, 115-117
　　——的探索 091, 092, 094, 111, 113, 114, 116-118, 175
　　——的な環境 098
　　——的な関係 020, 145
　　——的反応 037, 091, 115, 146
　　——的理解 033, 042, 113, 114
　　推測的—— 091
　　探索的—— 091
協働 ...041-043, 048, 051, 085, 087, 089, 104, 112, 176, 185
強迫性障害 100
恐怖症 100, 204
拒食症 140, 142, 143
ケースフォーミュレーション 045, 086, 111, 112, 143
ゲシュタルト療法 ...021, 027, 034-038, 040, 043, 050, 067, 072, 085, 158
現実主義 065
現象学 017, 031, 073
治療的現前 050, 170
行為化・実演 102, 109, 128, 147
効果研究 041, 154, 158, 169
交感神経系 098
　　副—— 098

索引　203

構造論的モデル 030
構築主義 031, 040, 048, 066, 068, 073, 185
行動傾向 025, 033, 053, 054, 057, 058, 090, 093, 095, 104
行動主義 027
行動変容 023, 087
行動療法 149, 164
幸福感 137
声 163
　　拒食の── 142
　　内的体験に焦点化された── 117
　　批判的な── 109, 115, 123
　　複数の── 071, 072, 163, 188
孤独感 117, 119, 168

さ行

再発防止率 145
先延ばし 133, 135, 136
作業同盟...041, 042, 086, 087, 112, 128, 150-154, 159, 163-165, 168, 170, 171, 175
自己一致 023, 029, 067, 164
自己概念 028, 029, 035, 049, 050, 067
自己価値感 123
自己感 068, 079, 081
　　空虚な── 075
自己観 054, 081, 102
自己感覚 049, 064, 104, 110
自己嫌悪 128, 140-142
自己構造 070
自己実現傾向 029, 035
自己受容 086, 095, 098, 100, 106
自己静穏 079, 086, 093, 098, 106, 107, 110, 132, 156, 168, 172, 177, 187
　　──の対話 138
自己組織化...... 037, 050, 059, 062, 070, 076, 081, 130, 131, 141, 186, 187
　　──システム 048, 052
　　──システム理論 048
　　──のプロセス 064, 069
自己尊重 101
自己体験 071, 072, 106, 110
自己探索 086

自己中断 109, 143, 168, 187
自己調整 035, 052, 079
自己統制 079, 080, 081
自己批判 109, 119-122, 131, 142
　　──の分離 134
自己不一致理論 067, 072
自己プロセス 030, 070
自己閉鎖 168
自己モデル 036
自傷行為 128
実現傾向 028, 029, 032, 035
実存主義的アプローチ 034
実存的意味 073, 081
実存的空虚感 099
実存療法 021, 027, 038, 039, 073
社会的役割 129
終結のプロセス 137
修正感情体験...017, 040, 082, 095, 103, 142, 170
修正体験 029, 156, 185
主体 022, 028, 035, 039, 040, 068, 109, 187
　　行為── 048, 050, 051
　　──性.... 027, 037, 051, 062, 082, 087, 106, 153, 157
　　──としての私 036, 072
受容....017, 018, 023, 086-088, 119, 124, 137, 153
　　──的な関係 040
馴化 100
消去 100
象徴化 187
衝動行為 140
情動障害 129-132
情動神経科学 017, 018, 079, 174
初回面接 114, 115, 119, 133, 151
自律神経系 099
深呼吸 079, 093, 102
身体感覚 030, 056, 091, 092
心理教育 098
心理療法の実証研究 041
随伴性 051
スキーマ
　　恐怖── 056, 058
　　自己── 105
　　中核的不適応── 104, 106, 132

204　エモーション・フォーカスト・セラピー入門

スキル
　感情調整── 098, 171
　観察── 088, 143
　苦悩耐性── 098
　実行・介入── 088
ストーリー
　語られなかった── 169
　空っぽの── 111, 169
　壊れた── 111, 169
　使い古した── 111, 169
成功傾向 051
性差 128, 129
精神分析 027, 067, 203
精神力動的アプローチ 021
精神力動療法 026, 073
成長
　──傾向 022, 047, 050, 051, 082
　──の過程 024
　──モデル 050
生物学 020, 024, 050-052, 054, 057, 059, 062, 069, 075, 082, 083
生理的覚醒 140
積極的介入 146
接近感情 101
摂食障害 027, 078, 129, 130, 140-143, 169, 171
絶望感 075, 089, 097, 101, 104-106, 117, 119, 120, 122, 127, 131, 134, 136
セルフケア 093
総合プロセス 070
相互作用 018, 020, 022, 023, 031, 037, 043, 045, 048, 050-052, 059, 062, 065, 071, 083, 168, 170
　ネガティブな──の循環 042
　負の── 054
操作的感情 061
創造性 027, 051
相対主義 065
疎外 035, 036, 039, 082
組織化 068
存在の諸「条件」 039
存在論的不安 039, 082
尊重 086

た行

退却 057, 075, 076, 101, 130
退却傾向 101
退却行動 130
体験 066
　暗黙裏の── 065
　再── 096
　──の不一致 028, 049
体験的アプローチ 017, 022, 027, 042
体験プロセス ... 023, 030, 032-034, 065, 067, 071, 085, 087, 150, 151, 153, 165, 170
　──尺度 029, 149
体験モジュール 050
体験療法 021, 022, 027, 033, 038, 085, 145, 149, 162, 164, 165
対人関係パターン 103
多元的治療意図モデル 034
他者調整 052
注意 040, 064, 101
中核的感情 123, 131
中核的自己 133
中枢的自己 048
調整不全 073, 078, 081, 088, 090, 091, 097, 100, 128, 141, 186
治療課題 039, 041, 078, 085-087, 090, 112, 146, 153, 157, 165, 168
治療環境 086
治療関係 023, 029, 034, 041, 085, 086, 089, 103, 106, 147, 164, 169
治療原則 010, 044, 085
　治療課題促進の原則 085
　治療関係の原則 085
治療効果 ... 040, 043, 044, 145-147, 150, 154, 165, 170
治療的意図 033
同化尺度 163
動機づけ ... 020, 028, 036, 051-053, 056, 057, 099, 104
道具感情 061, 094, 112, 186
洞察志向療法 096
動的システム論 037, 079, 083
トラウマ ... 025, 027, 043, 072-074, 076, 081, 095, 101, 102, 110, 128, 165, 168, 171

索引 | 205

―記憶 147, 153

な行

内在化 086, 098, 101, 115, 120-122, 138
内省 062, 069, 098, 150
　自己― 082, 160
内臓感覚 064
ナラティブセラピー 045
二元論的意図モデル 033
二次感情 032, 061, 090, 094, 096, 097, 100, 105-107, 112, 115, 141, 150, 170, 172, 178, 187
二次的反応感情 061, 094
入院患者 132
認証 050, 051, 086, 091, 097, 103, 104, 157, 159, 188
認知 019, 070, 097
認知科学 010, 027
認知行動療法 045, 145-147, 164
認知的アプローチ 021
認知療法 149
脳 017, 054, 062, 065, 079, 086, 101, 165
　大脳新皮質回路 054
　大脳辺縁系 054
　扁桃体回路 054

は行

パーソナリティ特徴 070
パーソナリティ障害 027, 073, 169
パーソン・センタード・アプローチ ... 027-029, 034, 038, 040, 043, 085, 164
パーソン・センタード・セラピー 021
破壊行動 140
破局的な予期 134
曝露 097, 099, 100, 153, 154
恥 060, 061, 075, 076
　中核的― 075, 126, 138
パニック 097, 100, 105
場の理論 036, 050, 067
引きこもり 101, 104, 168
非言語的手がかり 089

非指示性 034
否認 024, 029, 030, 036, 067, 073, 185
ヒューマニスティック・アプローチ 022, 027, 034, 047, 048
評価
　基本的な― 062
　二次的― 062
不安
　一次不適応― 133
　二次― 133, 134
不安障害 027, 077, 131, 169, 171
　全般性― 074, 132, 133
フェルトセンス 023, 030-033, 067-069, 092, 108, 186
フォーカシング 026, 030, 033, 092, 108, 146, 161, 186
フォローイング 085, 088, 176
符号化 055
二つの椅子
　―の作業 109, 122
　―の対話 040, 120, 134, 135, 138, 142, 146, 157, 188
プライド 052, 094, 126, 127, 129, 138, 148
プロセス 035
プロセス-アウトカム研究 ... 149, 150, 155, 165
プロセス指向アプローチ 033
プロセス指標 033, 039, 041, 086, 107
　自己中断分離 109
　傷つきやすさ・脆さ 110
　不明瞭なフェルトセンス 108
　未完了の体験 109
　問題反応 108
プロセス診断 039, 073, 111, 169
プロセス想起法 160
プロセス体験アプローチ 043
プロセス体験療法 021, 022, 145
文化 ... 020, 044, 052, 053, 062, 069, 088-090, 128, 167, 169, 175
　―的価値観 129
文脈 ... 033, 044, 051, 089, 090, 103, 111, 154, 169
分離のワーク 136
弁証法的構築主義 021, 037, 045, 047, 062, 065, 070, 130, 167, 181
弁証法的総合 069

弁証法的な統合のプロセス 057
変容
　中核的な―― 107
　――プロセス 027, 034, 039-041, 050, 105,
　　107, 108, 145, 147, 149, 151, 156, 167, 168,
　　170, 176
防衛機制 036, 039
本来性 039, 082

ま行

未完了の体験 036, 037, 073, 110, 119, 120,
　　122, 125, 132, 136-138, 142, 153, 158, 159, 188
無価値感 059, 072, 105, 119, 122, 124
無条件の肯定的配慮 029
無力感 075, 101, 104, 115, 131, 133-135
メタ分析 148, 164

や行

薬物乱用 078, 140
有機体
　――的体験 029, 035
　――の価値付けのプロセス 082
　――の体験 028
要求 035-037, 050, 053
　基本的―― 047

満たされない―― 110, 137
抑圧 067, 074, 080, 095

ら行

来談者中心療法 145, 146, 161, 162, 164
ランダム化比較試験 145
　効果量 146, 148
　非再発率 145, 146, 153
リーディング 085, 088, 176
力動的心理療法 149, 161, 162
レファレント 024, 031, 033
　直接の―― 031

わ行

我－汝 023, 034, 050

人名

Gendlin, Eugene 021, 029-033, 067, 068, 072,
　　108, 149
Perls, Frederick 017, 021, 022, 035-037, 048
Rogers, Carl 017, 021-023, 028, 029, 031-
　　033, 035, 048, 062, 067, 072, 085

著者略歴

レスリー・S・グリーンバーグ　LESLIE S. GREENBERG

ヨーク大学（カナダ・トロント市）心理学特別栄誉教授（distinguished reseach professor）、心理療法研究クリニック所長。エモーション・フォーカスト・アプローチの主要テキストの著者であり、次回作として『エモーション・フォーカスト・セラピーにおけるナラティブとの協同』（Working With Narrative in Emotion-Focused Therapy, in press）が予定されている。グリーンバーグ博士は心理療法研究協会（the Society for Psychotherapy Reseach : SPR）の元会長であり、SPR特別研究賞（SPR Distinguishe Reseach Career Award）、アメリカ心理学協会カール・ロジャーズ賞の選考委員でもある。現在は個人やカップル対象の個人開業のかたわら、エモーション・フォーカスト・アプローチの研修に携わっている。

監訳者略歴

岩壁 茂　SHIGERU IWAKABE　［監訳者まえがき／第3章］

お茶の水女子大学大学院人間文化創成科学研究科准教授。早稲田大学政治経済学部経済学科卒業後、カナダ・マッギル大学に学士編入、同大学大学院でカウンセリング心理学博士号取得。札幌学院大学に勤務後、現職。著書に『新世紀うつ病治療・支援論』（共編著・金剛出版［2011］）、『はじめて学ぶ臨床心理学の質的研究』（単著・岩崎学術出版社［2010］）、『プロセス研究の方法』（単著・新曜社［2008］）、『心理療法・失敗例の臨床研究』（単著・金剛出版［2007］）、訳書に『感情に働きかける面接技法』（レスリー・グリーンバーグほか（著）・誠信書房［2006］）などがある。

伊藤正哉　MASAYA ITO　［監訳者あとがき／第1・6章］

国立精神・神経医療研究センター認知行動療法センター研修指導部 研修普及室長。筑波大学大学院人間総合科学研究科 ヒューマン・ケア科学専攻 発達臨床心理学分野博士課程、日本学術振興会特別研究員DC・PD、国立精神・神経医療研究センター精神保健研究所成人精神保健研究部研究員、ヨーク大学心理学部心理療法研究センター客員研究員、コロンビア大学社会福祉学部客員研究員などを経て、現職。博士（心理学）。臨床心理士。著書に『こころを癒すノート――トラウマへの認知処理療法自習帳』（共著（伊藤正哉・樫村正美・堀越勝）・創元社［2012］）、翻訳に『不安とうつの統一プロトコル――診断を越えた認知行動療法ワークブック』（デイビッド・H・バーロウほか（著）・診断と治療社［2012］）、『現代の認知行動療法――CBTモデルの臨床実践』（ステファン・G・ホフマン（著）・診断と治療社［2012］）などがある。

細越寛樹　HIROKI HOSOGOSHI　［監訳者あとがき／第5章］

関西大学社会学部社会学科心理学専攻准教授。筑波大学第二学群人間学類を卒業後、筑波大学大学院人間総合科学研究科ヒューマン・ケア科学専攻発達臨床心理学分野に入学、同大学大学院で博士（心理学）取得。その後、日本学術振興会特別研究員を経て、京都文教大学臨床心理学部臨床心理学科に勤務後、現職。臨床心理士。主論文に「感情体験の促進と内的葛藤の解消に対するゲシュタルト療法の効果――準ひきこもりの青年期男性の事例から」（単著・心理臨床学研究［2013］）、「精神療法（2）――認知行動療法」（共著・精神科治療学［2012］）、「悲観的思考の受容が対処的悲観者の心身の well-being に及ぼす影響」（共著・心理学研究［2009］）などがある。

● 訳者略歴

関屋裕希 Yuki Sekiya［第3章］

東京大学大学院医学系研究科精神保健学分野特任研究員。筑波大学大学院人間総合科学研究科ヒューマン・ケア科学専攻発達臨床心理学分野にて博士（心理学）取得。臨床心理士。大学院在学中は、怒り感情喚起後の適応的な対処行動をテーマとした研究に従事。現在は、産業保健の分野を専門に、個別ケース対応、教育研修、職場の活性化などに取り組む。現職では、認知行動療法を基礎とした教育研修のポジティブなアウトカムへの効果研究を行っている。

藤里紘子 Hiroko Fujisato［第4章］

国立精神・神経医療研究センター精神保健研究所児童・予防精神医学研究部。筑波大学大学院人間総合科学研究科ヒューマン・ケア科学専攻発達臨床心理学分野にて博士（心理学）取得。主論文に「首尾一貫感覚が就職活動に伴うストレスおよび成長感に及ぼす影響」（共著・教育心理学研究［2011］）などがある。ポジティブ心理学、臨床心理学の研究が主要研究領域である。

村井亮介 Ryosuke Murai［第2章］

帯広刑務所調査専門官。札幌学院大学大学院臨床心理学研究科臨床心理学専攻修士課程修了。札幌少年鑑別所鑑別技官、札幌刑務所調査専門官を経て、現職。臨床心理士。主論文に「初回面接における訓練セラピストの困難とその対応――継続事例と中断事例の比較検討」（共著・心理臨床学研究［2013］）。専門は非行・犯罪臨床。心理療法プロセス研究に関心をもつ。

山口慶子 Keiko Yamaguchi［第4章］

国立精神・神経医療研究センター認知行動療法センター流動研究員。お茶の水女子大学大学院人間文化創成科学研究科博士後期課程単位修得退学。博士（人文科学）。主論文に「母親であることと心理臨床家であること――子育て体験と臨床活動の交差」（共著・心理臨床学研究［2012］）などがある。心理臨床家のライフサイクル上の変化と職業的発達、心理療法における感情変容過程、学生相談における予防介入型プログラムの効果の研究に取り組む。

エモーション・フォーカスト・セラピー入門

初　　刷	……………………………………………………	2013 年 10 月 1 日
3　　刷	……………………………………………………	2024 年 2 月 10 日
著　　者	……………………………………………………	レスリー・S・グリーンバーグ
監訳者	……………………………………………………	岩壁 茂｜伊藤正哉｜細越寛樹
発行者	……………………………………………………	立石正信
発行所	……………………………………………………	株式会社 金剛出版（〒112-0005 東京都文京区水道 1-5-16）
		電話 03-3815-6661　振替 00120-6-34848
装　　幀	……………………………………………………	加藤賢策（LABORATORIES）
印刷・製本	……………………………………………………	シナノ印刷

ISBN978-4-7724-1336-7　C3011　©2013　Printed in Japan

改訂増補
心理療法・失敗例の臨床研究
その予防と治療関係の立て直し方

［著］＝岩壁 茂

A5判　並製　320頁　定価4,620円

セラピストなら誰もが経験する心理療法の失敗という領域について，
実践と理論の両面から検討された
臨床・研究成果をまとめた一書。

カウンセリングテクニック入門
プロカウンセラーの技法30

［編著］＝岩壁 茂

A5判　並製　312頁　定価3,080円

傾聴，観察，アセスメントなどの
ベーシックテクニックと
戦略的なコアテクニックを提供する，
実践本位のカウンセリングテクニックガイド！

プロセス・ベースド・セラピーをまなぶ
「心の変化のプロセス」をターゲットとした統合的ビジョン

［著］＝ステファン・G・ホフマン　スティーブン・C・ヘイズ
デイビッド・N・ロールシャイト
［監訳］＝菅原大地　樫原 潤　伊藤正哉

B5判　並製　276頁　定価3,960円

ひとつの時代が，ここから始まる——
エビデンスとクライエントの個別性，
両方を尊重した心理療法の実現へ！

価格は10％税込です。